D1449594

Cocina Catalana

Ana María Calera

Cocina
Catalana

EDITORIAL EVEREST, S. A.

MADRID • LEON • BARCELONA • SEVILLA • GRANADA • VALENCIA
ZARAGOZA • LAS PALMAS DE GRAN CANARIA • LA CORUÑA
PALMA DE MALLORCA • ALICANTE – MEXICO • BUENOS AIRES

Las fotografías de este libro han sido realizadas en el restaurante **Masía Gibert** de **Sant Genís de Palafolls**. Agradecemos a su director, **D. Obduli Casas** y al jefe de cocina **Montserrat Gibert** la colaboración prestada.

Coordinación Editorial: *Ricardo García Herrero*
Diagramación: *Jorge Garrán Marey*
Diseño de cubierta: *Alfredo Anievas*
Fotografías: *Imagen MAS*

© Ana María Calera
© EDITORIAL EVEREST, S. A.
Carretera León-La Coruña, km 5 - LEÓN
ISBN: 84-241-2344-1
Depósito legal: LE. 864-1993
Printed in Spain - Impreso en España

EDITORIAL EVERGRÁFICAS, S. L.
Carretera León-La Coruña, km 5
LEÓN (España)

ÍNDICE

Prólogo

CATALUÑA:
La cocina de una país de Europa

La Cocina catalana se mueve entre dos paradojas: por una parte constituye una auténtica cocina nacional y, de la otra es, en España y fuera de ella, relativamente poco conocida mas allá de ciertos tópicos. No es extraño que en un modélico libro del prestifioso escritor americano Colman Andrews se diga que esta cocina mediterránea, de Alicante a Perpignan, sea el «ultimo gran secreto culinario de Europa». En los manuales internacionales, por cocina catalana se entiende la que se practica en Cataluña Norte (departamento francés de los Pirineos Orientales), sólo una pequeña parte del país. Otras veces, históricamente, esta cocina se confunde con la de Aragón (por el título que ostentaban los antiguos reyes catalanes) o con España (a causa de la habitual confusión entre país y estado).

Así pues, la cocina catalana no se ajusta a las actuales nociones políticas, ya que desborda los límites de la Comunidad autonómica de Cataluña en España; la encontramos también en Francia e incluso en Italia (en la ciudad sarda de Alguer -Alghero-, se habla y se cocina también en catalan). De esta forma, la lengua, esta señal de identidad tan importante para cualquier país, es lo que delimita, básicamente, el espacio geográfico, histórico y cultural de esta cocina.

Se trata, pues, de una cocina nacional con variantes regionales, comarcales y de otro tipo. Así, hay una cocina de la Cataluña Vieja (desde el norte de Barcelona, correspondientes a la zona húmeda) y otra de la Cataluña Nueva (de secano y más arabizada). Hay cocina de mar y de montaña, de diario y de fiesta, rural y urbana, tradicional y moderna.

Una historia y una cultura gastronómica

Detrás de la cocina catalana actual hay la historia de una país. Un país que tuvo su auge, bajo el nombre legal de Corona de Aragón, en la Edad Media. Cataluña que, según el historiador francés Pierre Vilar, fué uno de los estados-nación más precoces de Europa, señoreó el comercio mediterráneo y mantuvo su presencia económica, comercial o política en el sur de Italia, Grecia, Túnez, Egipto, etc. Antes, los griegos, y más tarde los romanos, le habían dado su vocación mediterránea (trilogia del trigo, olivo y vino, pescado salado». Los árabes aportaron nuevos productos, como la caña de azúcar y ciertas especias (incluyendo el pimentón), la berenjena, la alcachofa, quizá el arroz y la pasta.

Como resultado de todo ello, en este territorio florece una de las literaturas gastronómicas más precoces y completas de Europa. En catalán se escriben, desde el siglo XIII, recetarios (*Libre de Sent Sovía*), manuales de vinos y buenas maneras (*Com usar bé de beure e menjar*), de Francesc Eiximenis, libros de dietética y destilados (como los de Arnau de Vilanova), de pastelería (*Libre de totes maneres de confits*) e incluso manuales afrodisíacos (*Speculum al foder*). Hasta culminar en el que es, sin duda, el más ilustre libro antiguo de cocina, el *Libre del coch*, de Robert de Nola (s. XV), traducido al español bajo el nombre de *Libro de cozina*, de Ruperto de Nola. Muchas de las recetas, salsas, técnicas, etc, descritos en estos libros son habituales en la cocina catalana, de ahí el interés de ellos. De hecho, a través de otros libros de la época barroca y hasta los siglos XIX y XX -citemos a Ferran Agulló y Josep

Pla, entre otros autores- se perpetuó esta ilustrada tradición bibliográfica.

La geografía, dura pero domesticada

La geografía es, naturalmente, un dato importante para entender la cocina de cualuquier país. Sin embargo, a pesar del tópico sobre la riqueza del suelo catalán, ello no es rigurosamente cierto: siempre escasearon las primeras materias básicas -como el trigo y los quesos-, de ahí la necesidad del comercio aragonés y mediterráneo. Aunque, ciertamente, los viajeros extranjeros, desde el siglo XVI, elogiaron las feraces huertas barcelonesas, la agricultura, en Cataluña, es hasta difícil: como escribió Pierre Vilar, el hombre catalán «se cultiva cultivando», a partir de un esfuerzo considerable para arrancar a una tierra difícil sus frutos. Como reza el dicho español, «los catalanes de las piedras sacan panes», frase hasto reveladora. Las grandes zonas geográficas de Cataluña, pues influyen en sus diversas cocinas. Hay, como ya dijimos, una Cataluña húmeda (básicamente el Pirineo, Girona y el nordeste, hasta Barcelona; corresponde a la histórica Cataluña Vieja reconquistada) y un Cataluña seca (sur de Barcelona, Tarragona y centro y sur de Lleida; equivale a la Cataluña Nueva, reconquistada más tarde).

Existe, como dato predominante de partida -tanto histórico como geográfico- el Pirineo, a ambos lados de la actual frontera, con toda la sólida cocina de montaña. Y existe el repertorio de pescados y mariscos. Pero más allá del estricto dato geográfico, Cataluña, históricamente, siempre ha estado muy urbanizada, por lo que po sobre de los mandatos estrictos de la geo-

grafía, ha exisitido un «gran mercado» - emblema de los cuales es el de la Boquería, en Barcelona- que ha presentado, al unísono, toda clase de productos.

Materias primas: El reino vegetal

Cada cocina, incluso más allá de lo que produce su territorio, tiene ciertas preferencias por ciertos ingredientes; lógicamente esto también ocurre en la cocina catalana. Empecemos por los vegetales, que corresponden, en líneas generales, a los típicos del Mediterráneo occidental, con muchos del oriental y otros de tipo atlántico e incluso nórdico.

Eso lo podemos ver en el campo de los cereales: junto al trigo común a la península, en cierta zonas se ha utilizado, por ejemplo, el trigo sarraceno. También hay una tradición de trigo y maíz utilizados en sopas. La pasta es un ingrediente muy importante y popular en esta cocina, desde la Edad Media, y sus tratamiento ofrece soluciones originales: *Fideus a la cassola, Fideuejat, Macarrons, Canalons*, etc.

Las legumbres preferidas por los catalanes no son los garbanzos -aunque se utilizan, junto con las lentejas- sino las habichuelas; destacan las calidades «del ganxet» y «de Santa Pau». El arroz constituye un ingrediente básico.

Son muy populares las patatas y los nabos -de Campmany, de Cerdanya o Talltendre, negros y finísimos-, así como salsifis y otros vegetales. La paleta de sabores es muy rica: coles y repollos, berzas, judías verdes, coliflor, zanahorias, alcachofas, chirivías, espinacas, puerros... Habas y guisantes tienen un gran predicamento, junto con pimientos y berenjenas, base de la famosa *Escalivada*.

Importantes son también los frutos, frescos y secos, que los catalanes utilizan mucho en su cocina, con carne o pescado, como guarnición o en las salsas: peras, manzanas, membrillos, naranjas, higos, ciruelas, almendras, pasas, piñones y avellanas.

Carne y pescado, mar y montaña

En el terreno del pescado y marisco, la cocina catalana, ofrece tradicionalmente una gran riqueza: ya en los recetarios medievales hay una gran cantidad de propuestas.

Han desaparecido ciertas especies, como el esturión, la lamprea o el salmón. Otras, como el mero y pescados afines, son cada vez más escasas. Son apreciados la corbina, el dentón, la dorada, la breca o pagel y sobre todo el rape o pez sapo, del cual la cocina catalana saca un gran partido, así como de los pescados de roca, de carne dura, como los rascacios. El marisco ofrece rasgos particulares: los pequeños y exquisitos mejillones de roca, las famosas gambas de Palamós y los no menos famosos langostinos de Sant Carles de la Rápita, los *popets* (pulpitos), los erizos de mar y las *espardenyes* (holoturias), de la Costa Brava, sin olvidar las langostas, bogavantes, centollas y santiaguiños, por desgracia cada vez más escasos. El bacalao, el pez palo, las «tripes de bacallá, el «bull» de atún y otras salazones son muy apreciados.

Cataluña goza de una famosa carne, la ternera de Girona o la del Berguedá, con denominaciones de origen. Sin embargo, es el cordero, tiernísimo, la carne tradicional por antonomasia.

El corral es espléndido, sólo comparable con Francia, ya que son muy populares los pollos -con denominación de origen, como los del Prat-, los patos y los gansos (con la raza específica de «oca empordanesa»). Conejos, pavos, etc, completan el panorama. Sin olvidar el cerdo, omnipresente en la cocina catalana y base de algunos de los mejores y más variados embutidos de Europa (*botifarra, llonganissa, fuet, bisbe...*).

La caza incluye el jabalí, la cabra montés, la liebre y el conejo, así como codornices, palomas torcaces, becadas, tordos.

Otros productos, del campo a la despensa

Otros ingredientes, naturales o manufacturados, silvestres o cultivados, propios o importados, caracterizan la cocina catalana. Citemos, entre los productos silvestres, los espárragos, los dientes de león, las alcaparras... Y las setas, de las cuales los catalanes son unos auténticos apasionados, ya que de ellas utilizan muchas especies y guisan de muchas maneras. Los caracoles, de forma similar, tienen un gran aprecio, y son considerados motivo de fiesta gastronómica en la Cataluña francesa o en Lleida, y aún plato completo, con otros ingredientes (centolla, conejo, manitas de cerdo...).

En cuanto a los quesos, los más famosos e históricos, de oveja, son sólo un recuerdo: citemos el *serrat*, el originalísimo *tupí*, fermentado con aguardiente. Resulta mejor el terreno de los quesos frescos, destacando el *mató* y el gerundense *recuit*, que se suelen degustar con miel. Actualmente se producen quesos de cabra muy dignos de mención.

Los productos del pato y el gango tienen en Cataluña una gran tradición: destaca la producción gerundense de *confits, foie gras y magret* o jamón de pato. No olvidemos ciertas conservas en salzón, y particularmente las famosas anchoas de l'Escala, con denominación de origen. Hay también famosos aceites de oliva, como los de la D.O. Siurana.

La Pastelería catalana es importante, tradicional y de una gran calidad a nivel europeo (nata, chocolate, frutas, etc.).

Lo vinos, finalmente, cada vez gozan de mayor prestigio, con blancos de primerísima línea. Las denominaciones de Origen son: Penedès, Alella, Tarragona, Priorat, Costers del Segre, Empordá-Costa Brava, Tedrra Alta, Conca de Barberá, y comarcas de Artes Ancia y Baix Ebre-Montsiá, son también tradicionales los vinos dulves y generosos *rancia, garratxa, malvasía,* etc. Alcoholes, típicos son la ratafía, los aguardientes de frutas y los brandis.

Platos y salsa: un mundo de armonías particulares

Una cocina no se define sólo por sus platos, sino por las armonías, sabores y combinaciones particulares que ofrece, así como las por salsas, técnicas y procedimientos.

La cocina catalana utiliza diversas técnicas, de las más simples a las más sofisticadas: cocciones a la brasa (*Escalivada*), asados y cocidos, guisados y estofados, salteados y fritos y, como aportación característica, el «rostit humit» o «asado» en cazuela de barro. En el tratamiento del arroz y la pasta ofrece originales propuestas de guisado y «rossejat» (especie de frito

a la china). Como grasas, se usa el aceite y la manteca.

Ya Ferrán Agullón escribió, en los 30, que hay cuatro salsas o bases de cocina fundamentales en esta cocina: el *sofregit* (que a veces se traduce por «sofrito», aunque no es lo mismo), la *samfaina* (una especie de pisto, más confitado), el *allioli* (ajiaceite, con variantes: con huevo, membrillo, frutos secos, etc) y la *picada* (especie de majado de frutos secos, ajo, perejil, etc.). En realidad hay muchas otras salsas tradicionales: *comesco, balandra, vinagreta,* etc.

En cuanto a platos característicos, ello depende de si se trata de cocina de diario o de fiesta. Sólo por citar algunos ejemplos, podemos sugerir este menú. Guarniciones y ensaladas: *Pa amb tomáquet, Escalivada, Esqueixada.* Platos completos: *Escudella i carn d´ olla.* Arroz y pasta: *Fideus a la cassola, Arròs a la cassola, Rosseiat, Canelons a la catalana.* Vegetales: *Espinacs amb panses i pinyons, Faves ofegades. Mongetes amb botifarra.* Pescado: *Suquet, Sarsuela, Bacallá a la llauna.* Carne: *Anec amb naps, Oca amb peres, Fricandó.* Postres: *Crema catalana, Mel i mató.*

Características generales: Una cocina construida y abierta

Intentaremos, a continuación, formular una síntesis de las principales características de esta cocina.

Por su **ubicación**, la cocina catalana es una «cocina puente» dentro de las cocinas mediterránea y latina; de Portugal a Estambul como su lengua, reúne características generales del contexto latino, con un continuo que incluye el sur de Francia e Italia, pero también España, Portugal o Marruecos.

En su **esencia**, esta cocina, como escribió Josep Pla, es arcaica y totalmente «construida», con una continuidad histórica desde la Edad Media. La cocina catalana constituye una auténtica y refinada gastronomía, -con sus propias cocinas regionales- con todo lo que ello significa, más allá de los tópicos sobre ciertas cocinas étnicas.

Su paleta de **armonías** y sabores es muy «variada»: va de la más simple preferencia por las hortalizas simplemente cocidas a los más sofisticado salsas muy completas o imaginativas, agridulces, mezcla de dulce y salado, de marisco y carne (platos de «mar y montaña»), de frutas con carne y pescado, de toda clase de setas y mariscos particulares. La materia prima tiene calidad, pero también una gran variedad.

Presenta varios **niveles**: es una cocina «completa», con platos de diario y de fiesta, muy sencillos o sofisticados.

De forma similar, sus diversos **registros** la convierten en una cocina «**abierta**»: sabe evolucionar e, históricamente sabe nacionalizar diversos ingredientes y platos.

Es finalmente, por su **oferta**, muy «plural», ya que en ella se unen lo antiguo y lo moderno, lo mediterráneo y lo continental, lo dietético y lo alimenticio, elementos que hacen de la cocina catalana una cocina simple y rica, polivalente y atractiva.

JAUME FÀBREGA

Salsas

Salsa alioli *(página 18)*

Salsa a la mostaza

(De mostassa)
Ingredientes:

1 cucharadita pequeña llena de mostaza

1/2 vaso de vino lleno de vinagre

Un poco de pimienta blanca en polvo

2 cucharadas soperas llenas
de salsa de tomate

1/2 vaso de agua lleno de aceite

1 pimiento rojo de lata

Perejil fresco

Sal

En un tazón o bol, o bien en un recipiente similar, echaremos el aceite y el vinagre junto con la mostaza, un poco de sal, y un pellizco de pimienta, batiéndolo bien durante 5 o 10 minutos hasta que espese algo; a continuación añadiremos la salsa de tomate y el pimiento limpio de semillas y picado finamente, lo mismo que el perejil. Mezclaremos todo bien y serviremos la salsa fría, preferentemente con pescados cocidos o asados a la parrilla.

Salsa al estilo
de Cadaqués

(A l'estil de Cadaqués)
Ingredientes:

400 gramos de tomates frescos

1 cebolla mediana

1 cabeza de merluza

1/2 hoja de laurel

1/2 docena de anchoas

(saladas o de lata)

1 cucharada sopera llena de harina

Perejil fresco

2 dientes de ajo

1 vaso de agua lleno de aceite

Sal

Agua

Pondremos a cocer la cabeza de merluza, bien limpia, en un cuarto de litro abundante de agua, con sal y un casco de la cebolla.

En una sartén al fuego y con parte del aceite, freiremos el resto de la cebolla finamente picada; cuando esté dorada, le añadiremos la harina y el tomate pelado, limpio y partido en trozos, el caldo de pescado y el laurel triturado y lo dejaremos cocer a fuego lento unos 20 o 30 minutos.

Machacaremos en el mortero las anchoas, el perejil y los ajos con el resto del aceite, añadiendo esto a la salsa; la pasaremos por un pasador fino.

Esta salsa queda bien con pescados cocidos o hechos a la parilla y también con mariscos.

Salsa alioli

(Allioli)
Ingredientes:

3 dientes de ajos grandes

1/2 litro de aceite de muy buena calidad

1 cucharadita (no llena) de sal fina

Esta salsa la haremos en un mortero de barro o tierra y con una mano de madera (la que se utiliza para pasar purés o majar almendras).

Cortaremos los ajos menudamente y los echaremos en el mortero, majándolos bien con la mano de madera, a la vez que se echa el aceite en forma de hilo y se trabaja el conjunto ajo-aceite poco a poco y dando vueltas siempre en la misma dirección. Echaremos sal fina.

Esta salsa puede cortarse, en cuyo caso añadiremos una patata cocida y fría. Admite variantes como la adición de salsa de tomate; miga de pan remojada en vinagre y hasta la carne blanda de una fruta como el membrillo o la manzana asada.

Es una salsa fría.

Salsa bechamel

(Betxamel)
Ingredientes:

1 cucharada sopera llena de mantequilla o margarina

2 cucharadas soperas llenas de harina

1/2 litro de leche

Sal

Pondremos la leche al fuego y la calentaremos hasta que comience o rompa a hervir.

En un cazo al fuego echaremos la mantequilla, la desharemos y le agregaremos la harina; lo dejaremos cocer durante tres o cuatro minutos; esto es muy importante para que la bechamel no tenga sabor a harina. Mientras lo estamos cociendo lo removeremos constantemente con cuchara de palo, cuidando de que no se dore. A continuación lo separaremos del fuego, vertiéndole poco a poco la leche caliente, y moviéndolo rápidamente con el batidor para ponerla fina; cuando esté bien mezclada y sin grumos, la sazonaremos de sal y volveremos a ponerla a fuego, dejándola cocer durante quince minutos.

Nota: Si se desea hacer más cantidad, se aumentarán, proporcionalmente, todos los ingredientes citados.

Salsa catalana
Ingredientes:

2 cebollas medianas

2 dientes de ajo

Perejil fresco

1 hoja pequeña de laurel

1 taza de desayuno llena de caldo
de carne (o de cubitos)

1 vaso de agua lleno de vino claro
(especie de vino entre clarete y blanco)

2 cucharadas llenas de aceite

Un poco de pimienta blanca en polvo

Sal

1 clavo de especie

En un pote puesto al fuego echaremos el caldo, el vino, una de las cebollas pelada y entera y la otra partida, el perejil entero sin picar, los ajos pelados y enteros, el clavo, el laurel, el aceite, y lo herviremos, lentamente, de 50 a 60 minutos. Pasado ese tiempo lo colaremos o lo trituraremos. Luego añadiremos a la salsa un poco de sal y otro poco de pimienta.

Salsa con piñones
(De pinyons)
Ingredientes:

100 gramos de piñones ya pelados

3 dientes de ajo medianos

2 vasos de vino llenos de aceite
de muy buena calidad

9 cucharadas soperas llenas de agua

Un poco de comino

La yema de 3 huevos duros

Sal fina

Majaremos en un mortero los piñones, junto con el comino, los ajos y las yemas de huevo duro. Añadiremos el agua, el aceite y la sal, verteremos todo en un pote, y dejaremos que dé un ligero hervor, de 2 o 3 minutos a fuego vivo.

Salsa con trufas
(De tófones)
Ingredientes:

1 latita con 2 trufas

2 cucharadas soperas llenas de harina

3 cucharadas soperas llenas
de coñac fuerte

1/4 litro de agua

Sal

2 cucharadas soperas llenas
de mantequilla o margarina

Disolveremos la harina en parte del

agua, que estará fría; ablandaremos la mantequilla o margarina en un pote, sobre fuego lento, y le incorporaremos la harina disuelta, dando vueltas rápidamente y sin parar. Añadiremos el resto del agua (mejor que esté caliente), las trufas picadas, el coñac y sal, dejándolo que hierva hasta que se reduzca a la mitad la cantidad inicial.

Salsa de cangrejos

(De crancs)
Ingredientes:

Docena y media de cangrejos de río
1 vasito de vino lleno de vino rancio
2 cucharadas soperas llenas de harina
1 cebolla mediana
Perejil fresco
Agua
Sal
1 yema de huevo que esté cruda
4 cucharadas de manteca de cerdo

Coceremos los cangrejos con agua suficiente para cubrirlos, el vino rancio, la cebolla, pelada y cortada por su mitad, sal y unas ramas de perejil.

Cuando estén ya hechos los dejaremos enfriar y quitaremos la cáscara de las colas, cortando éstas en dados y reservando la cáscara y la carne. Secaremos en el horno los caparazones o cabezas que luego picaremos en el mortero añadiendo la mitad de la manteca. Volveremos a picar y lo pondremos todo en una cazuela al fuego (lento). Revolveremos frecuentemente dejándolo cocer hasta que la manteca esté clara y de color rojo. Pondremos todo en un trapo que

escurriremos sobre un cazo, disponiendo hielo a su alrededor. En otro cazo, echaremos el resto de la manteca y la harina, que se haga sin llegar a dorar. Añadiremos un poco de caldo o agua y el vino de cocer los cangrejos, lo colaremos y lo uniremos con la manteca dorada que tenemos preparada; revolveremos un poco, lo retiraremos del fuego y agregaremos la yema de huevo crudo junto con las colas de los cangrejos.

Salsa de tomate

(De tomáquet)
Ingredientes:

1/2 kilo de tomates maduros
6 almendras tostadas
1 cucharada sopera llena de vinagre
2 dientes de ajo medianos
1 cucharada sopera llena de aceite
1 cucharada sopera llena de perejil fresco picado
Un poco de sal fina
Un poco de azúcar

Pelaremos los tomates y los reduciremos a puré con el tenedor. A continuación les echaremos en una sartén y les añadiremos los dientes de ajo, las almendras (ambos picados), el perejil, el vinagre, el aceite, sal y azúcar. Haremos la salsa poco a poco a fuego lento. Antes de utilizarla la pasaremos por el prensa-purés o chino.

Salsa Romesco (página 23)

Salsa de la Maresma

(Del Maresme)
Ingredientes:

3 tomates del tiempo, que sean rojos

2 dientes de ajo medianos

Sal fina

1 vasito de vino lleno de aceite
de muy buena calidad.

Una vez pelados los tomates, bien asándolos o escaldándolos en agua caliente, los machacaremos en el mortero junto con los dientes de ajo, pelados y picados, un poco de sal y el aceite que echaremos lentamente para que el tomate quede bien impregnado del mismo.

Existen pueblos en que unen este tomate (sin aceite) con ajos y sal al alioli, formando así una variante de la salsa.

Salsa mahonesa

(Maionesa)
Ingredientes:

3 yemas de huevo

1 limón

1/2 litro de aceite fino

Sal fina

La salsa mahonesa puede hacerse en una batidora, ya que es mucho más fácil y no se suele cortar.

Pondremos las yemas de huevo y les añadiremos lentamente el aceite hasta que esté espeso del todo; luego sazonaremos con sal y unas gotas de zumo de limón.

En caso que se corte la mahonesa, se puede volver a montar con unas gotas de agua caliente.

Si la hacemos a mano, tomaremos un mortero de barro, echaremos en él las yemas de huevo, un poco de sal y unas gotas de limón, añadiendo lentamente y en forma de hilo el aceite, a la vez que batimos con una cuchara de palo, siempre al mismo lado, hasta obtener el punto exacto de la mahonesa.

La cantidad puede aumentarse a voluntad según echemos más o menos aceite.

Salsa picante

(Picant)
Ingredientes:

1 vaso de vino lleno de vinagre

1 ramita de tomillo

1/2 hoja de laurel

1 diente de ajo

1 chalota o un poco de cebolla picada

Un pellizco de pimienta blanca

Sal

1 cucharón lleno de caldo de carne
(o de cubitos)

1 1/2 cucharada sopera de harina

30 gramos de mantequilla

Unas ramitas de perejil fresco

Verteremos en un pote al fuego el vinagre, añadiremos el tomillo, el laurel, el ajo, la chalota, o en su lugar la cebolla, y la pimienta. Lo dejaremos cocer hasta reducir casi todo el vinagre. Adicionaremos entonces el caldo, lo herviremos unos 2 minutos, y lo pasaremos a continuación por el chino.

En una cacerola derretiremos la mantequilla y desleiremos en ella la harina; a esto añadiremos el preparado anterior.

Batiremos con el tenedor para que se ligue, incorporando el perejil picado; probaremos si está sazonado y dejaremos que hierva unos dos minutos más.

Podemos servir esta salsa con chuletas o con carnes o aves frías.

Salsa romesco

(Romesco)
Ingredientes:

3 pimientos secos

4 dientes de ajos pequeños

1 rebanada de pan del día anterior

10 cucharadas soperas llenas de vinagre

10 almendras tostadas

1 taza de desayuno llena de aceite

3 tomates medianos maduros

Una pizca de pimienta blanca en polvo

Sal fina

Asaremos en el horno los tomates, los ajos y los pimientos, teniendo cuidado de que no se quemen.

Quitaremos las pepitas a los pimientos y los machacaremos junto con las almendras; los después los mezclaremos con los ajos y tomates, limpios de semillas y pelados, la rebanada de pan frita en aceite y deshecha, y un poco de pimienta.

Batiremos todo bien, incoporándole el aceite, el vinagre y un pellizco de sal. Deja-

remos reposar la salsa unas dos horas, si es posible, y después la pasaremos por un colador y la batiremos de nuevo enérgicamente.

Esta salsa sirve para acompañar, principalmente, pescados y también verduras cocidas.

También se hace la salsa «romesco» solamente con pimientos, ajos y guindilla, todo ello majado en el mortero muy finamente, añadiéndole una taza de aceite y otra de vinagre y mezclándolo bien.

Hace tiempo el Romesco era un guiso; en la actualidad está considerado solamente como una salsa.

Salsa samfaina catalana

(Samfaina)
Ingredientes:

1 berenjena gorda

1 cebolla grande

1 calabacín gordo

2 cucharadas soperas llenas
de manteca de cerdo

1 pimiento fresco gordo (rojo o verde)

4 tomates medianos que estén maduros

Sal

1 cucharadita de las de café, de azúcar

Pelaremos el calabacín y la cebolla y los picaremos muy menudos. Quitaremos las semillas de la berenjena abriéndola por la mitad y, sin pelarla, la picaremos como lo anterior.

Echaremos la manteca en un recipiente o sartén al fuego, y en ella freiremos lo anteriormente preparado, rehogándolo bien y lentamente, a fuego bajo, unos 20 o 25 minutos, pasados los cuales incorporaremos los tomates pelados y reducidos a puré en crudo. Echaremos sal y el azúcar. Esta salsa la serviremos o presentaremos muy caliente.

Salsa vinagreta
(Vinagreta)
Ingredientes:

4 pepinillos en vinagre

1 cebolla pequeña

2 huevos duros

5 cucharadas de buen vinagre

1/2 vaso de agua lleno de aceite fino

1 cucharada sopera llena de mostaza

2 cucharadas soperas llenas de agua

Sal fina

Perejil fresco

Pimienta blanca en polvo

Pondremos en un recipiente no metálico el vinagre, el aceite y la mostaza; moveremos mucho con la cuchara de palo y le añadiremos los huevos duros pelados, la cebolla, el perejil y los pepinillos, todo ello muy picado, el agua, la sal y la pimienta. Seguiremos moviendo con la cuchara hasta que quede todo bien unido

Se sirve fría.

Caldos, sopas, escudellas y legumbres secas

Sopa de pan al estilo campesino *(página 40)*

Alubias blancas
a la catalana

(Mongetes blanques a la catalana)
Ingredientes:

1/2 kilo de alubias blancas

60 gramos de manteca de cerdo

250 gramos de butifarra negra

1 vasito de vino lleno de vino rancio

3 cucharadas soperas llenas
de puré de tomate

Nuez moscada

1 atado de hierbas (perejil, laurel,
hierbabuena y apio)

150 gramos de tocino fresco

150 gramos de jamón

1 cebolla mediana

Pimienta blanca en polvo

Sal

En un puchero al fuego echaremos la manteca de cerdo, el tocino cortado a tiras, el jamón igualmente cortado, la cebolla pelada y a trozos, el vino, el puré de tomate, el atado de hierbas y las alubias. Cubriremos con el agua fría, sazonaremos con sal, pimienta y nuez moscada y lo dejaremos cocer, lentamente, tapado, una media hora, moviendo de vez en cuando el puchero. Pasado este tiempo agregaremos la bitufarra, y más agua fría siempre que la necesite por pérdida de vapor. Taparemos el puchero con un papel de barba engrasado y colocaremos sobre éste un plato con agua fría. De esta manera continuaremos la cocción hasta que las alubias estén he-chas, sacudiendo el puchero cada diez minutos, más o menos.

En el momento de servirlas las echaremos en una fuente, retiraremos el atado de hierbas, cortaremos la butifarra en trozos y la pondremos en la superficie, junto con el jamón y el tocino.

Alubias con vino rancio

(Mongetes amb ví ranci)
Ingredientes:

1 kilo de alubias ya cocidas
(en la región catalana es costumbre
comprar las legumbres secas ya cocidas,
en tiendas o puestos del mercado)

1 vasito de vino lleno de vino rancio

2 cucharadas soperas llenas
de manteca de cerdo

1 cebolla pequeña

1 taza de desayuno llena de caldo
de carne o caldo de cubitos

Pimienta blanca en polvo

Sal

Prepararemos una cazuela, que luego pueda ir a la mesa, sobre el fuego y en ella echaremos la manteca y la cebolla, pelada y picada; así que esté dorada incorporaremos las alubias cocidas, el vino y el caldo, añadiendo un poco de sal, poca, pues el caldo ya la lleva, y otro poco de pimienta. Coceremos las alubias unos 5 u 8 minutos y las serviremos en el mismo recipiente.

Caldo a la catalana

(Escudella catalana)
Ingredientes:

100 gramos de oreja de cerdo
1 hueso fresco de cerdo del espinazo
Un trozo de apio
100 gramos de garbanzos ya remojados desde la víspera
100 gramos de alubias blancas ya remojadas desde la víspera
150 gramos de patatas
Unas ramas de col verde
80 gramos de fideos gordos
80 gramos de arroz
100 gramos de butifarra negra
3 litros de agua
Sal

Prepararemos un puchero, al fuego, con el agua fría y en él echaremos las alubias, la oreja de cerdo, el hueso de la espinada y el apio, así como un poco de sal.

Cuando empiece a hervir el agua le añadiremos los garbanzos y las judías ablandados, retiraremos el apio y el hueso, y adicionaremos las patatas, peladas y cortadas a trocitos, y las hojas de col cortadas pequeñitas, así como los fideos gruesos y el arroz. Unos 5 minutos antes de retirar el puchero del fuego, incorporaremos la bitufarra negra cortada en trozos o rodajas pequeñas.

Si queremos hacer la escudella en olla exprés, lo pondremos todo junto y echaremos la sal una vez que esté cocido, dejándolo unos minutos antes de servirlo, para que tome el gusto.

Hay quien suprime los garbanzos y la butifarra y agrega carne de cerdo, o carne de ternera o cordero y un trozo de gallina, así como una punta de jamón magro.

Caldo al estilo catalán

(Brou a la catalana)
Ingredientes:

100 gramos de tuétano
1 hueso de vaca
1 hueso de cerdo fresco
1 molleja de gallina
1/2 kilo de carne de carnero de la parte de la cola
100 gramos de butifarra blanca
2 zanahorias medianas
1 puerro pequeño
1 nabo pequeño
1 col verde pequeña
Sal
Agua

Pondremos un puchero al fuego con dos litros de agua a hervir; añadiremos el carnero y la molleja, cortados a trozos; el tuétano, los huesos y sal. Espumaremos bien e incorporaremos la col picada, las zanahorias y los nabos pelados y cortados en rodajas y el puerro cortado a trozos menudos. Sazonaremos y dejaremos hervir despacio hasta que todo esté bien cocido; necesitará de tres a cuatro horas en puchero normal, una hora en olla exprés.

Una vez cocido todo colaremos el caldo que podemos servir sólo (acompañado de

Caldo a la catalana (*página 28*)

sus componentes bien picados) o bien con una yema de huevo fresco.

Hay quien hace sopa de pan escaldada o hierve fideos en el caldo.

Caldo con guisantes y jamón

(Brou amb pèsols i pernil)
Ingredientes:

200 gramos de guisantes desgranados

2 litros de agua

80 gramos de jamón

2 cucharadas de mantequilla
(que no sea margarina)

Sal

En un puchero de barro, al fuego, echaremos la mantequilla y en ella freiremos o rehogaremos los guisantes y el jamón, éste cortado a trocitos. Echaremos el agua y un poco de sal, recordando que el jamón ya lleva sal.

Dejaremos cocer a fuego lento hasta que los guisantes estén hechos y el agua se haya consumido lo suficiente para que nos dé cuatro tazones de caldo. Se sirve muy caliente.

Caldo en taza

(Brou en tassa)
Ingredientes:

2 espinazados o carpones de gallina

3 mollejas de gallina

4 huesos de ternera

2 paquetes de hierbas para el caldo.
(Las hierbas del caldo son muy típicas en toda la región catalana y se venden atadas entre sí. Están compuestas por: apio, nabo, chirivia, puerro y zanahoria.)

1 cebolla grande

Agua

Sal

Después de lavados todos los ingredientes y la gallina flameada, o sea, pasada por la llama de gas, o bien por un poco de alcohol encendido, pondremos todo junto en una olla con 2 litros de agua, sal, las hierbas y la cebolla pelada y cortada a trozos pequeños. Lo dejaremos hervir por espacio de dos horas.

Transcurrido este tiempo lo colaremos por un colador fino y le agregaremos 2 copitas de jerez y 2 yemas de huevo desleídas con caldo frío. Lo serviremos en taza o bol.

Cocido catalán

(Escudella i carn d´olla)
Ingredientes:

500 gramos de carne de ternera

1/2 gallina, 1 pie de cerdo

150 gramos de tocino

200 gramos de oreja de cerdo

100 gramos de carne magra de cerdo

picada (para la pilota)

100 gramos de carne picada de ternera

150 gramos de butifarra negra

1 hueso seco de jamón

1 hueso de buey de la caña,

con su tuétano

250 gramos de garbanzos ya remojados

100 gramos de alubias blancas

250 gramos de patatas en cuadros

1 col de la olla verde

150 gramos de «galets»

(Pasta en forma de caracola)

1 nabo mediano, 2 huevos

2 zanahorias medianas

1 diente de ajo

2 cucharadas soperas llenas

de miga de pan

2 cucharadas soperas llenas de harina

Pimienta blanca en polvo

Canela en polvo, sal

Perejil fresco, 1 diente de ajo

2 litros de agua

Coceremos en una olla, puesta al fuego, con el agua, la carne, la gallina, el tocino, el pie y la oreja de cerdo, el hueso de jamón y el buey, el nabo y la zanahoria (ambos pelados y enteros). Espumaremos bien la olla y le agregaremos los garbanzos y las judías (podemos introducir estas legumbres en bolsas de malla para separarlas cuando estén cocidas), sazonaremos con sal y mantendremos la olla a fuego lento.

Aparte prepararemos la «pilota», con la carne magra de cerdo y de ternera picadas, añadiendo los huevos batidos, la miga de pan rallado, sal, algo de pimienta y un poco de canela en polvo, el ajo y el perejil, ambos picados, y un poco de harina, lo a-masaremos hasta formar la «pilota», pa-sándola por harina.

Pasadas dos horas de cocción incorpo-raremos a la olla la «pilota», las butifarras, las patatas y la col (patatas y col peladas y cortadas a trozos). Rectificaremos de sal. Si durante la cocción se evaporase parte del agua agregaremos la necesaria, siempre hirviendo. Se retiran las tres cuartas partes del caldo para hacer la sopa, con «galets». Esta sopa la serviremos como primer plato y, a continuación, y en otra fuente las car-nes y las verduras, siempre muy caliente.

Nota: En ocasiones en vez de carne de ternera se pone de cordero o carnero, ésta da un sabor más fuerte al caldo.

CALDOS, SOPAS, ESCUDELLAS Y LEGUMBRES SECAS

Cocido campesino

(Escudella de pagés)

Ingredientes:

250 gramos de patatas

150 gramos de zanahorias

100 gramos de alubias blancas

(ya cocidas)

100 gramos de col verde de la olla

100 gramos de cebolla

1 puerro mediano

100 gramos de arroz

80 gramos de fideos que

sean medianos, no muy finos

3 cucharadas soperas llenas de aceite

4 huesos de ternera

1 hueso seco de jamón

1/2 pollo

100 gramos de tocino con hebra

(cansalada)

200 gramos de carne de ternera

2 litros de agua

Sal

1 papeleta de azafrán hebra

Prepararemos un buen caldo con el agua, los huesos de ternera y el hueso de jamón, dejándolo cocer poco a poco y echándole un poco de sal y el azafrán.

En una cazuela, al fuego, con el aceite y el tocino, cortado a dados, freiremos la cebolla pelada y picada y, así que tome color, rehogaremos en esa grasa el pollo, cortado a trozos más bien pequeños, y la carne de ternera también cortada a trozos.

Pelaremos las patatas, el puerro y las zanahorias y las picaremos a trozos pequeños incorporándolos a la cazuela del pollo. Haremos lo mismo con la col. Echaremos todo al puchero del caldo, quitando ya los huesos y, a continuación, incorporaremos las alubias, el arroz y los fideos, dejándolo hervir unos 10 o 15 minutos más y sirviéndolo como potaje.

Farro de Tarragona

Ingredientes:

200 gramos de guisantes sin piel

200 gramos de habas sin piel

(o congeladas)

250 gramos de alubias blancas secas

2 patatas medianas

1 col pequeña que sea verde,

de las de la olla o potaje

1 hueso de cerdo salado

100 gramos de fideos gordos

1 cucharada sopera llena de

manteca de cerdo

2 litros de agua

Sal

1/2 cucharada sopera de harina

Pondremos el agua, al fuego, en un puchero con el hueso de cerdo y lo dejaremos cocer unos 50 o 60 minutos.

Añadiremos las alubias (ya remojadas desde la víspera) la col bien picada, los guisantes, las habas, las patatas peladas y picadas a cuadros, y dejaremos que cueza todo otros 50 o 60 minutos más. Pasado dicho tiempo adicionaremos los fideos y la manteca pasada por la harina, así como la sal, que no la habíamos echado.

Seviremos el potaje cuando los fideos estén ya cocidos.

Potaje de garbanzos a la catalana

(Potatge de cigrons a la catalana)
Ingredientes:

600 gramos de garbanzos
50 gramos de manteca de cerdo
250 gramos de carne de carnero
1 cebolla grande
4 tomates
150 gramos de butifarra negra
4 huevos cocidos
50 gramos de piñones pelados
Pimienta blanca en polvo
Sal
2 litros de agua

Los garbanzos estarán a remojo desde la noche anterior.

Los pondremos en un puchero al fuego con el agua y cuando rompa a hervir echaremos los garbanzos, dejándolos hervir unos minutos y echándoles sal. A media cocción les quitaremos todo el caldo que reservaremos en otro recipiente.

En una sartén al fuego echaremos la manteca de cerdo, freiremos en ella la cebolla pelada y cortada fina y, cuando esté casi dorada, le añadiremos los tomates pelados y cortados en trozos, lo freiremos lentamente y, antes de que termine de hacer-

se, incorporaremos los piñones y la butifarra cortada a rodajas. Rehogaremos todo y lo pasaremos a una cazuela de barro. Le agregaremos los garbanzos, rehogaremos de nuevo unos minutos, y cubriremos todo con el caldo reservado. Rectificaremos de sal y pimienta.

Coceremos destapados los garbanzos muy lentamente hasta que estén bien hechos y el agua muy disminuida.

Retirados del calor del fuego los dejaremos reposar unos 5 minutos agregando sobre ellos los huevos pelados y picados.

Potaje de habas al estilo de Tortosa

(Potatge de faves a l'estil de Tortosa)
Ingredientes:

4 kilos de habas con piel o bien 1 1/2 kilos de habas congeladas ya limpias
4 dientes de ajo medianos
80 gramos de arroz
3 zanahorias medianas
1 litro de caldo ya preparado o de cubitos
1/2 cebolla grande picada
4 cucharadas soperas de aceite o de manteca de cerdo
400 gramos de patatas
2 tomates maduros que sean grandes
Sal

Preparar una cazuela al fuego con la grasa (aceite o manteca) y freír en ella los ajos pelados y enteros; una vez dorados retirar y reservar. En esta misma grasa añadir la cebolla y los tomates, éstos pelados y picados, rehogar y echar ahora las habas junto con el caldo, dejar que cueza lentamente y, a medio hacer, adicionar las zanahorias peladas y troceadas y el arroz, así como los ajos majados previamente en el mortero y disueltos en unas cucharadas del caldo del propio potaje. Rectificar de sal y servirlo caliente.

Poti-poti de lentejas

(Poti-poti de llenties)
Ingredientes:

1/2 kilo de lentejas secas
2 litros de agua
Sal
1 rebanada (100 gramos) de pan atrasado
2 dientes de ajo medianos
El zumo de 1/2 limón colado
2 cucharadas soperas llenas de aceite

Poner a remojo las lentejas entre 8 y 12 horas en agua y cocerlas en agua fría y sin sal, dejar hacer lentamente (puede utilizarse olla exprés).

En el aceite, puesto al fuego en una sartén, freír los ajos y el pan; una vez fritos, majarlos en el mortero añadiendo la propia grasa de su fritura y el zumo de limón; incorporar ésto al puchero de las lentejas junto con la sal. Cocer ahora sólo 8 o 10 minutos y servir en forma de potaje.

Samfaina de garbanzos a la catalana

(Samfaina de cigrons a la catalana)
Ingredientes:

250 gramos de garbanzos
1 coliflor pequeña
1 berenjena mediana
1/2 kilo de tomates maduros
400 gramos de setas frescas (pueden ser de lata)
1 cebolla mediana
2 dientes de ajo
1 pimiento morrón de lata
1 taza de desayuno llena de aceite
Sal
2 litros de agua

Coceremos los garbanzos, ya remojados, en el agua con sal y un chorro de aceite.

Aparte, y en el resto del aceite, freiremos la cebolla, la berenjena, los tomates, los dientes de ajo, todo pelado y picado, así como las setas, la coliflor y el pimiento, sólo picados. A ésto le echaremos un poco de sal y cuando lo veamos bien rehogado, lo incorporaremos a los garbanzos procurando que la cocción de éstos no se interrumpa.

Serviremos el potaje cuando todo esté en su punto justo.

Caldo con guisantes y jamón *(página 30)*

Sopa bullavesa al estilo catalán

(Bollabessa a la catalana)

Ingredientes:

200 gramos de merluza
200 gramos de dorada
200 gramos de rodaballo
200 gramos de salmonetes
100 gramos de lubina
100 gramos de lenguado
200 gramos de langostas
4 patatas pequeñas o 2 medianas
200 gramos de tomates
2 cebollas medianas
4 dientes de ajo
2 litros de agua
1 vaso de agua casi lleno de aceite
Ramillete de hierbas compuesto por: tomillo, laurel, perejil e hinojo
2 granos de pimienta
Un poco de azafrán en hebra
Sal
4 rebanadas de pan
1 diente de ajo

Pondremos a calentar al fuego una marmita que contenga el agua y cuando ésta rompa a hervir echaremos la patata, la cebolla y los tomates, y después los pescados limpios y cortados en cuatro trozos. Seguidamente le añadiremos el aceite y el ramillete de hierbas aromáticas (tomillo, laurel, perejil e hinojo), junto con la pimienta, sal y unas briznas de azafrán.

Después de dejar que cueza por espacio de media hora, lo colaremos, colocando el caldo en una sopera y los pescados en una fuente, rodeados de los vegetales, y en otra fuente unas rebanadas de pan frito frotadas con ajo. Si añadimos un chorrito de ajenjo perfumará el caldo y le dará un sabor peculiar.

Sopa de cebolla a la catalana

(Sopa de ceba a la catalana)

Ingredientes:

1 cebolla mediana
40 gramos de mantequilla
1/2 cucharada de harina
Sal
Pimienta negra molida
1/2 pan de sopa (la cantidad un poco al gusto de cada uno)
4 cucharones de agua fría
50 gramos de queso rallado

Freiremos en una sartén, al fuego, la mantequilla junto con la cebolla pelada y muy picada; cuando esté dorada, añadiremos la harina, moviendo con una cuchara. En el momento en que la harina haya tomado color avellana, echaremos un cucharón de agua, batiendo con el batidor de alambre o simplemente con un tenedor y, batiendo siempre, verteremos poco a poco el resto del agua. Sazonaremos, añadiremos la pimienta (un poco) y dejaremos cocer lentamente unos 20 minutos.

Colaremos este caldo y lo verteremos muy caliente a la sopera, donde habremos puesto ya las rebanadas delgadas de pan.

Serviremos aparte el queso rallado. En lugar de las rebanadas de pan podemos utilizar costroncitos de pan frito en mantequilla cortados en cuadritos.

Nota: Esta sopa se puede gratinar al horno, en cuyo caso se hará todo exactamente como en la anterior receta, pero en lugar de agua, echaremos cuatro cucharones de caldo de carne o del puchero.

Colocaremos en una cazuela capas de rebanadas de pan ligeramente tostadas al horno, que espolvorearemos con queso rallado, y verteremos encima el caldo de cebolla, metiéndolo en el horno a gratinar hasta que la superficie aparezca dorada.

Sopa de fiesta mayor

(Sopa de festa major)
Ingredientes:

1 gallina de 1200 gramos de peso

1 hueso de jamón

1 1/2 litros de agua

Sal

4 huevos crudos

Un poco de azúcar

Un poco de canela en polvo

100 gramos de pan de hacer sopa cortado finamente

1 paquete de hierbas del caldo

(Las hierbas del caldo son muy típicas en toda la región catalana y se venden atadas entre sí. Están compuestas por: apio, nabo, chirivía, puerro y zanahoria)

Con la gallina limpia y troceada, el hueso de jamón, las hierbas, el agua y la sal haremos un buen caldo; pondremos el pan en una cazuela honda de barro y echaremos por encima el caldo hirviendo tapando la cazuela.

Deshuesaremos la gallina y desmigaremos su carne que mezclaremos con la sopa anterior.

Batiremos los huevos y los incorporaremos por encima del caldo hirviendo, espolvorearemos con un poco de azúcar y otro poco de canela y meteremos la cazuela en el horno hasta que la capa de encima esté dorada.

CALDOS, SOPAS, ESCUDELLAS Y LEGUMBRES SECAS

Sopa de harina

(Sopa de farina)
Ingredientes:

50 gramos de manteca de cerdo

4 cucharadas soperas llenas de harina

(que sea buena)

1 1/2 litros de agua

Sal

Pimienta blanca en polvo

2 cucharadas soperas llenas de

mantequilla (puede ser margarina)

100 gramos de pan cortado para sopa

En una cazuela al fuego fundiremos la manteca, agregaremos la harina y, removiéndolo con espátula, lo dejaremos dorar. En este punto agregaremos el agua que estará caliente y moveremos despacio y sin parar; sazonaremos con sal y un poco de pimienta.

Aparte freiremos en la mantequilla o margarina las rebanadas de pan y, cuando la sopa hierva las echaremos a la cazuela, que taparemos inmediatamente. Servir rápidamente la sopa una vez que el pan esté cocido.

Sopa de menudillos de pollo a la barcelonesa

(Sopa de menuts de pollastre a la barcelonina)
Ingredientes:

4 hígados de pollo

2 patas de pollo

(patas del animal no muslos)

2 mollejas de pollo

2 huevas de gallina (dentro de

las gallinas que están poniendo)

2 cuellos de pollo

2 cebollas medianas

1 1/2 litros de agua

2 tomates maduros de tamaño mediano

2 dientes de ajo

Perejil fresco

6 almendras tostadas

2 cucharadas soperas llenas de aceite

80 gramos de arroz

4 rebanadas de pan

4 huevos crudos

Sal

Echaremos el aceite en una cazuela al fuego y en él freiremos todos los menudillos de pollo y gallina cortados a trozos, junto con las cebollas y los tomates, ambos pelados y picados. Echaremos unos cinco platos llenos de agua.

Majaremos en el mortero los ajos, junto con el perejil picado y las almendras peladas y picadas, y echaremos esta picada a la sopa, que seguirá su hervor.

Cocido catalán *(página 31)*

Freiremos el pan y también lo adicionaremos a la sopa.

Agregaremos el arroz y, pasados unos 15 o 20 minutos, batiremos los huevos y también los incorporaremos a la sopa metiendo la cazuela al horno hasta que los huevos estén cuajados.

Sopa de pan al estilo campesino

(Sopa de pa a la pagesa)
Ingredientes:

400 gramos de pan cortado finamente para sopa (mejor pan de pagès)
(El pan de pagès es un pan esponjoso que se hace en toda la región catalana.

Pan de pueblo)

2 litros de caldo de carne o

caldo de cocido

1 cebolla mediana

2 dientes de ajo

4 huevos duros

1 papeleta de azafrán hebra

4 almendras tostadas

2 cucharadas de manteca de cerdo

Comenzaremos por tostar el pan, en el horno, y una vez tostado, lo haremos hervir en el caldo de carne o caldo del cocido.

Aparte, freiremos en la manteca la cebolla pelada y picada y uno de los dientes de ajo, también picado. Una vez frito lo incorporaremos a la sopa, que estará hirviendo.

Majaremos en el mortero las almendras, peladas, junto con el otro diente de ajo y el azafrán y lo incorporaremos a la sopa a la vez que los huevos duros pelados y trinchados menudamente. Coceremos todo junto un par de minutos y lo serviremos.

Sopa de rape

(Sopa de rap)
Ingredientes:

400 gramos de rape

de la parte de la cola

1/2 cabeza de rape

50 gramos de almendras tostadas

2 litros de agua

2 papelitos de azafrán hebra

(nada de colorantes)

2 cucharadas soperas llenas de aceite

Pimienta blanca en polvo

Sal

2 tomates medianos

1 cebolla pequeña

80 gramos de pan

2 dientes de ajo

En una cazuela al fuego con el aceite freiremos la cebolla pelada y picada, uno de los dientes de ajo y los tomates sin piel y cortados a trozos; rehogaremos todo bien y le añadiremos el rape y la cabeza, limpios y cortados en trozos, y el agua; sazonaremos con sal y pimienta y dejaremos cocer durante una hora.

Colaremos el caldo y desmenuzaremos toda la carne del rape, la de la cola y la de la cabeza; la reservaremos

Majaremos en el mortero las almendras, el otro diente de ajo y el azafrán, junto con un poco de aceite y un poco de caldo; después lo añadiremos a la cazuela, poniendo por último el pan tostado o frito y la carne del rape. Verteremos la sopa en la sopera y la serviremos.

Verduras

Pan con tomate y jamón *(página 63)*

Acelgas con tocino

(Bledes amb consalada)
Ingredientes:

1 kilo de acelgas

100 gramos de tocino de hebra

(En la región catalana se le llama:

«consalada viada»

2 cucharadas soperas llenas de aceite

2 dientes de ajo medianos

1 1/2 litro de agua

Sal

Quitaremos los hilos de las pencas blancas de las acelgas y las partiremos a trozos, junto con lo verde. Después de lavadas en varias aguas las pondremos al fuego, junto con el agua y la sal, en un puchero. Deben quedar cubiertas por el agua.

Las coceremos hasta que las veamos tiernas. Aparte, y en el aceite, freiremos el tocino cortado a trozos y en esa grasa rehogaremos las acelgas (bien escurridas del agua de su cocción), picándoles por encima los dientes de ajo; estos ajos no deben nunca quemarse con el aceite sino quedar incorporados a la verdura. Pueden añadirse unas patatas, si se desea.

Alcachofas a la cazuela

(Carxofes a la cassola)
Ingredientes:

8 alcachofas tiernas y gordas

50 gramos de tocino fresco

2 dientes de ajo

50 gramos de miga de pan

fresco remojada en vinagre

Perejil fresco

Pimienta negra en polvo

1 1/2 litro de agua

Sal

3 cucharadas soperas

llenas de aceite fino

Prepararemos las alcachofas, despojándolas de las hojas duras, y las pondremos a cocer enteras.

Majaremos en el mortero los ajos y bastante perejil, el pan remojado con vinagre y el tocino cortado finamente.

Con este preparado rellenaremos el corazón de las alcachofas (que tendremos ya cocidas y bien escurridas). Las colocaremos después en una cazuela, echándoles el aceite por encima y tapándolas. Hervirán hasta que se hayan embebido el agua que ellas mismas sueltan y quede únicamente el aceite.

Hay quien las mete al horno (calor sólo por encima).

Alcachofas rellenas

(Carxofes farcides)
Ingredientes:

2 kilos de alcachofas que sean gordas

1 cucharada sopera llena de pan rallado

Ramas de perejil fresco

1 cebolla mediana

1 diente de ajo

1/4 litro de caldo del puchero

50 gramos de tocino fresco

100 gramos de harina

1/2 litro de aceite

Sal

2 litros de agua

Quitaremos las hojas a las alcachofas y las coceremos en el agua hirviendo con sal; una vez hechas las dejaremos escurrir puestas boca abajo sobre un lienzo o servilleta.

Picaremos el tocino muy menudo y lo mezclaremos con el pan rallado, el perejil picado, el ajo picado y tres cucharadas de aceite crudo.

Con esta mezcla rellenaremos las alcachofas, que pasaremos por la harina y freiremos en aceite. Hechas y escurridas las pondremos en una cazuela.

Freiremos en aceite la cebolla pelada y picada y le añadiremos el caldo, echando todo a las alcachofas y dejándolas hervir, a fuego lento, una media hora.

Apio a la crema

(Api amb crema)
Ingredientes:

1 apio entero de 800 gramos de peso

1 1/2 litro de agua

Sal

80 gramos de manteca de cerdo

1 vasito de vino lleno de vino blanco

o jerez seco

1 limón

2 tazas de desayuno llenas de

salsa bechamel

2 tazas de desayuno llenas de caldo

de carne (puede ser de cubitos)

Quitaremos las hojas verdes del apio, lo pelaremos y lo cortaremos a trozos de un mismo tamaño. Lo lavaremos muy bien y lo herviremos en el agua, con sal, unos 20 minutos. Escurrido el apio, ya cocido, lo dispondremos en una cazuela con la manteca, el caldo, el vino blanco, el zumo de limón y sal, terminando de cocerlo a fuego lento y tapado con un papel de aluminio. Lo sacaremos a la mesa en una fuente y cubierto con salsa bechamel (ver receta en el Capítulo SALSAS).

Atadito de col y guisantes

(Farcellets de col i pèsols)

Ingredientes:

1 col gorda (1300 gramos de peso)

1 kilo de guisantes con piel

1 kilo de mejillones

Agua

Sal

Pimienta blanca en polvo

4 cucharadas soperas llenas de aceite

80 gramos de mantequilla

(no de margarina)

Herviremos primero la col entera y los guisantes desgranados, por separado, en agua con sal. Después haremos con la col unos pequeños «farcellets» con un trozo de mantequilla en su interior, y les pondremos en el centro de una fuente y a su alrededor los guisantes. Echaremos luego por encima los mejillones ya cocidos, sin cáscara y fritos en el aceite con sal y pimienta. Serviremos todo muy caliente.

Berenjenas a la catalana

(Alberginies a la catalana)

Ingredientes:

4 berenjenas gordas

1 cebolla mediana

2 dientes de ajo

1/4 litro de aceite

400 gramos de tomates frescos

6 nueces

Perejil fresco

Sal

1 vaso de agua lleno de caldo

Prepararemos las berenjenas con piel y las cortaremos en rodajas; las echaremos sal y las dejaremos reposar unos 10 minutos; después las freiremos en aceite caliente, secándolas antes con un paño, para que no salten. Ya fritas las reservaremos.

En una cazuela de barro con aceite freiremos los ajos, pelados y picados, y la cebolla también pelada y picada; cuando esté todo hecho añadiremos los tomates pelados, limpios y cortados a trocitos; ya fritos incorporaremos las berenjenas. Sazonaremos todo y por último agregaremos las nueces majadas en el mortero y desleídas con el caldo.

Cocerá todo a fuego lento, procurando que no quede muy caldoso.

Lo serviremos en la misma cazuela acompañado, si se desea, con huevos fritos (uno por persona).

Berenjenas rellenas

(Alberginies farcides)
Ingredientes:

4 berenjenas gordas

6 anchoas saladas

100 gramos de mantequilla

1 patata (60 gramos) ya cocida

1 cucharada sopera llena de alcaparras

Pimienta blanca en polvo

Agua

Sal

Cortaremos las berenjenas por su mitad, a lo largo, y las dejaremos sin pelar; las coceremos sólo con agua que las cubra en un recipiente al fuego. Una vez cocidas, las escurriremos y les quitaremos, con sumo cuidado, la pulpa. Ésta la uniremos a la patata cocida, a las anchoas desaladas en agua y a la mitad de la mantequilla, echándole un poco de sal y otro poco de pimienta. Con esta farsa, rellenaremos las berenjenas, que dispondremos en una fuente, cubriéndolas con el resto de la mantequilla, y las doraremos al horno, sólo con calor por arriba, hasta que presenten una superficie tostada.

Brécol con aceite y vinagre

(Bróquil amb oli i vinagre)
Ingredientes:

1 brécol grande (El brécol no es otra cosa que una coliflor de color verde-a-moratado. Es una verdura muy corriente en la región catalana y se suele hallar siempre a mejor precio que la coliflor)

1 1/2 litro de agua

Sal

Aceite de buena calidad

Vinagre

Separaremos el brécol en ramitos, como se hace con la coliflor, y los lavaremos bien al chorro del agua fría (si se desea podemos aumentar el plato con unas patatas peladas y troceadas).

En el agua, puesta en un puchero al fuego, coceremos el brécol con un poco de sal, hasta que le veamos tierno pero no deshecho. Lo escurriremos bien del caldo de su cocción y lo serviremos con aceite crudo y vinagre que se echa sobre él, cada uno en su plato.

Calabacines al horno

(Carbassons al forn)
Ingredientes:

4 calabacines gordos todos iguales

5 hígados de gallina

20 gramos de mantequilla

30 gramos de queso rallado

25 gramos de manteca de cerdo

1 cebolla mediana

1 cucharada sopera llena de pan rallado

Agua

Sal

Un poco de canela en polvo

2 yemas de huevo duro

Partiremos los calabacines, con piel, a lo largo por su mitad, y los pondremos en una cazuela que estará sobre el fuego con agua hirviendo y sal. Ya cocidos y fríos, los vaciaremos con cuidado de no romperlos y reservaremos la pulpa. Freiremos en una sartén al fuego, con la manteca, la cebolla pelada y trinchada. Cuando esté dorada, añadiremos los hígados de gallina; así que estén hechos, chafaremos todo y le incorporaremos la pulpa (que reservamos) de los calabacines, el pan rallado, sal, canela y las dos yemas de huevo duro. Con todo ello haremos una pasta que utilizaremos para rellenar los calabacines. Una vez puestos en una fuente los cubriremos con el queso y trocitos de mantequilla, y las introduciremos en el horno hasta que estén dorados.

Calçotada

(Calçots asados)
Ingredientes:

20 unidades de cebolletas tiernas recién arrancadas de la tierra

PARA LA SALSA:

4 cucharadas soperas llenas de puré de tomate

1 copita de licor de vinagre de astragón

1/2 copa de vino llena de vino blanco

2 cebollas medianas

5 pepinillos

50 gramos de mantequilla

50 gramos de alcaparras

Perejil fresco

Las cebolletas se pasan por un paño y se abren por su mitad. Se asan a la brasa, mejor de leña o carbón vegetal. Una vez asadas, se comen directamente, con los dedos, mojándolas abundantemente con la salsa.

Para hacer la salsa, ponemos en una cazuela el vinagre, el vino y las cebollas peladas y trinchadas menudamente, cociéndolas a fuego suave hasta que el líquido quede reducido a la mitad; añadiremos los pepinillos y alcaparras (picados fino) y el puré de tomate, y coceremos por espacio de unos 15 minutos; fuera del fuego agregaremos el perejil trinchado y la mantequilla.

También se suele acompañar la «calçotada» con butifarra especial del país, o con costilla o lomo de cerdo, cociendo todo ello a la plancha o a la brasa.

Cardos a la catalana

(Cards a la catalana)
Ingredientes:

1 kilo de cardos pequeños blancos

4 dientes de ajo

6 avellanas

40 gramos de piñones pelados

1 limón

1 cucharada sopera llena de harina

Vinagre

Aceite

Sal

Agua

Escogeremos cardos muy tiernos, les quitaremos los hilos y los lavaremos en agua mezclada con el zumo de medio limón; seguidamente los pondremos a cocer en agua hirviendo con sal, el resto del zumo del limón y una cucharada de harina desleída en agua templada. Los dejaremos cocer por espacio de unas 2 o 3 horas.

Majaremos en el mortero los ajos (fritos previamente en aceite) con las avellanas y los piñones, y desleiremos todo con un poco de agua y un chorro de vinagre mezclándolo con el aceite en que hemos frito los ajos; esta salsa la verteremos sobre los cardos, cocidos y escurridos, los rehogaremos unos minutos y los serviremos calientes (si se desea se pueden presentar fritos).

Col con tocino y salchichas

(Col amb cansalada i salsitxes)
Ingredientes:

1 col gorda (1300 gramos de peso)

1/2 kilo de patatas

200 gramos de salchichas

100 gramos de tocino

1/2 kilo de tomates maduros

Sal

Agua

2 cucharadas soperas llenas de aceite

Limpia y troceada la col la pondremos a hervir, junto con las patatas peladas y picadas, en agua con sal. Una vez cocida la escurriremos bien del agua de su cocción.

Freiremos en el aceite las salchichas cortadas a trozos y el tocino, también cortado a trozos, añadiremos la col y dejaremos rehogar todo junto unos 6 u 8 minutos.

Con los tomates haremos una salsa que verteremos por encima de la col a la hora de sacar ésta a la mesa. Esta salsa de tomate puede suprimirse.

Coles de Bruselas con tocino ahumado

(Cols de Brusel - les amb cansalada fumada)

Ingredientes:

500 gramos de coles de Bruselas

75 gramos de mantequilla

100 gramos de tocino ahumado

1 1/2 litro de agua

Sal

Limpiaremos bien las coles, quitándoles las hojas amarillas, les cortaremos la parte negra del tronco, marcando en el mismo unos pequeños cortes en forma de cruz, para faciliar la cocción, y seguidamente los herviremos en el agua, con sal, luego las pasaremos por agua fría y las escurriremos.

Echaremos, en una sartén al fuego, el tocino cortado en trozos y los freiremos hasta que empiecen a tomar color; luego agregaremos la mantequilla y las coles de Bruselas, salteándolas por espacio de 10 o 15 minutos, y sirviéndolas a continuación.

Nota: El tocino ahumado puede sustituirse por jamón cortado a trozos pequeños.

Coliflor a la crema

(Col-i-flor amb crema)

Ingredientes:

1 coliflor gorda

(1300 gramos de peso)

1 1/2 litro de agua

3 cucharadas soperas llenas de

mantequilla o margarina

2 tazones de salsa bechamel

(para hacerla consultar

el Capítulo SALSAS)

2 huevos crudos

Sal

Coceremos la coliflor, ya limpia, en agua y sal. Una vez hecha y escurrida, la colocaremos en una fuente de horno (propia para llevar después a la mesa), untada con un poco de la mantequilla y con el fondo cubierto con la salsa bechamel. A esta salsa le habremos añadido los dos huevos batidos. Meteremos la fuente en el horno con el resto de la mantequilla echada por encima. Serviremos la coliflor cuando tenga un bonito color dorado.

Nota: Esta receta podemos hacerla tanto con la coliflor entera como dividida en ramos.

Coliflor a la vinagreta

(Col-i-flor a la vinagreta)
Ingredientes:

1 coliflor gorda (1300 gramos de peso)

1 1/2 litro de agua

Sal

PARA LA SALSA:

1/4 de taza de desayuno de aceite de oliva

2 cucharadas soperas llenas de vinagre

1/4 de cucharadita de sal

1 cucharada de pimiento verde picado

Un poco de pimienta de Cayena en polvo

1 huevo cocido, pelado y picado

1 cucharada sopera llena de alcaparras

Separada en ramos la coliflor, y bien lavada al chorro del agua, la coceremos en agua caliente con sal, sólo el tiempo justo para que esté hecha, pero entera.

Escurrida y puesta en una fuente honda la cubriremos con la salsa.

Mezclados estos ingredientes, los echaremos por encima de la coliflor. Podemos servirla en seguida, o bien dejarla escabechar en la salsa varias horas para servirla fría.

Coliflor al horno

(Col-i-flor al forn)
Ingredientes:

1 coliflor gorda (1300 gramos de peso)

1 1/2 litro de agua

Sal

100 gramos de queso rallado

100 gramos de mantequilla

(no margarina)

Limpiaremos y dividiremos la coliflor en ramos, y la pondremos a hervir en agua con sal. Una vez hecha y escurrida bien de su caldo de cocción, la partiremos en trozos pequeños y los colocaremos, por capas, en una tartera con mantequilla, alternando éstas con dos cucharadas de queso rallado y terminando con queso y unos trocitos pequeños de mantequilla esparcidos por encima. Meteremos la coliflor en el horno a gratinar y, en el momento de servirla, la rociaremos con tres cucharadas de mantequilla frita hasta que adquiera un color avellana.

Hortalizas asadas (*página 59*)

Ensalada con salsa romesco

(Amanida amb romesco)
Ingredientes:

4 patatas medianas

400 gramos de judías verdes

4 calabacines medianos

2 huevos duros

100 gramos de aceitunas
verdes sin hueso

3 tomates verdes

1 pimiento encarnado en conserva

1 cebolla

Perejil fresco

1 taza de desayuno llena de
salsa romesco (Para hacerla
consultar Capítulo SALSAS)

Agua

Sal

1 pepino

Herviremos las patatas con piel en agua y sal. Haremos lo mismo con las judías verdes y los calabacines. Todo cocido lo prepararemos para ensalada haciendo rodajas de las patatas sin piel y de los calabacines; las judías verdes las picaremos a cuadritos. Dispondremos todo en una fuente junto con los huevos duros, el pepino, los tomates, la cebolla, las aceitunas, todo cortado a rodajas, las tiras de pimiento y perejil picado. Cubriremos todo con la salsa romesco.

Ensalada de apio

(Amanida d´api)
Ingredientes:

1 apio entero

4 patatas cocidas

350 gramos de pollo asado

Perejil fresco

1 taza de desayuno llena de salsa alioli
(Para hacerla salsa consultar
Capítulo SALSAS)

2 trufas

2 remolachas cocidas

2 cucharadas soperas llenas de aceite

1 cucharada sopera llena de vinagre

Sal fina

2 huevos cocidos

Escogeremos brotes de apio blanco, los cortaremos a tiras finas y las pondremos a remojo en agua fresca por espacio de 2 horas. Pasado este tiempo, las escurriremos bien y las mezclaremos con las patatas cocidas cortadas en rodajas finas, el pollo asado, cortado también en tiras muy finas, y un poco de perejil trinchado. Lo cubriremos con la salsa alioli, lo mezclaremos todo muy bien y lo dispondremos en una ensaladera haciendo monte. Pondremos encima de la ensalada un poco más de salsa alioli y adornaremos la ensalada con rodajas de trufa y de remolacha, arregladas antes con aceite, vinagre y sal. En los ángulos de la ensaladera dispondremos los huevos duros pelados y cortados a trozos.

Ensalada de bacalao

(Exqueixada de bacallá)
Ingredientes:

1 kilo de bacalao de morro,

limpio de piel y espinas

2 cebollas o cebolletas

4 tomates maduros

1/4 litro de aceite de oliva

100 gramos de aceitunas negras

100 gramos de aceitunas verdes

2 pimientos del tiempo (no de lata)

lo mismo da que sean verdes que rojos

2 dientes de ajo

2 cucharadas soperas llenas
de perejil fresco picado

2 cucharadas soperas llenas de vinagre

Sal fina

El bacalao, sin piel ni espinas, se pone a remojar solo, unas 2 horas antes de preparar la exqueixada. Después de bien escurrido con las manos lo desmenuzaremos a tiras.

Las cebollas (o cebolletas), los tomates y los pimientos los partiremos a trozos o a tiras largas; las uniremos, en una fuente, con el bacalao y echaremos a todo el aceite, el vinagre, un poco de sal, así como los dientes de ajo muy picados y el perejil. Sobre la exqueixada dispondremos las aceitunas verdes y negras. Serviremos esta ensalada muy fría.

Ensalada de escarola

(Xató de Sitges)
Ingredientes:

1 escarola

100 gramos de atún salado y seco

100 gramos de atún en aceite

100 gramos de bacalao

4 anchoas saladas

150 gramos de aceitunas

«Trancadas» (rotas)

Procederemos por este orden: primero remojar el bacalao, el atún salado y las anchoas. Pasadas unas 2 o 3 horas de este remojo, lo escurriremos todo y lo desmenuzaremos.

Limpiaremos la escarola en una fuente y le añadiremos todos los demás componentes, como en cualquier tipo de ensalada. Cubriremos el xató con una salsa que haremos así:

En un mortero, machacaremos dos dientes de ajo, cuatro almendras tostadas, dos anchoas, la carne de dos pimientos secos rojos, cuatro tomates maduros pelados y troceados, treinta gramos de pimentón dulce, una cucharada sopera de salsa mahonesa, seis cucharadas soperas llenas de buen aceite, tres cucharadas soperas llenas de vinagre y cuatro cucharadas soperas llenas de agua. Todo bien unido lo echaremos a la ensalada.

Esta salsa también podemos hacerla en batidora eléctrica.

Ensalada de lechuga

(Amanida d´enciam)

Ingredientes:

1 lechuga grande
(puede ser escarola rizada)

1 lata de anchoas en aceite

1/2 docena de cebolletas tiernas

1 taza de desayuno llena de aceite fino

2 huevos cocidos

100 gramos de butifarra blanca

100 gramos de jamón

Sal

4 cucharadas de vinagre

Lavaremos bien la lechuga, hoja por hoja, la colocaremos en una fuente o ensaladera y añadiremos las cebolletas, el jamón partido en cuadritos y las anchoas. Batiremos bien el aceite y el vinagre con sal y bañaremos con ello la ensalada. Adornaremos con los huevos cocidos pelados y partidos en rodajas y la butifarra también cortada.

La serviremos muy fría.

Espárragos con guisantes y huevos duros

(Esparrécs amb pèsols i ous durs)

Ingredientes:

2 manojos de espárragos

1 kilo de guisantes con su piel

3 huevos duros

1 yema de huevo crudo

50 gramos de mantequilla

1/2 cucharada sopera de harina

Pimienta blanca en polvo

Agua

Sal

Un poco de azúcar

1 limón

Pelaremos y cortaremos la punta de los espárragos, y los herviremos en abundante agua con sal. Hechos y escurridos, los prepararemos en una cazuela sobre el fuego con la mantequilla, sal, pimienta y una pizca de azúcar; incorporaremos los guisantes desgranados, taparemos y, pasados 3 minutos de cocción, añadiremos la harina disuelta con un poco de agua, agitaremos y dejaremos en el fuego hasta que los guisantes estén cocidos. Retirada la cazuela del fuego, incorporaremos la yema del huevo crudo batida con unas gotas de limón.

Escurriremos los espárragos y guisantes, los pasaremos a una fuente y los adornaremos con los huevos duros, pelados y cortados en rodajas.

Espárragos con queso y nuez moscada

(Espárrecs amb formatge i nou moscada)
Ingredientes:

3 manojos de espárragos

1 huevo duro

1/4 litro de leche

25 gramos de queso rallado

25 gramos de harina

50 gramos de mantequilla

Pimienta blanca en polvo

Nuez moscada

Agua

Pelaremos y cortaremos los espárragos a igual medida, y los herviremos en una cazuela con agua y sal durante 20 minutos.

Haremos una salsa blanca con la leche, parte de la mantequilla, la harina, sal, pimienta y un poquito de nuez moscada rallada, dejándola 20 minutos a fuego lento. Separaremos la yema de la clara del huevo duro, pasando ésta por el tamiz y añadiéndola a la salsa blanca.

Cuando los espárragos estén cocidos, los colocaremos en una fuente, echaremos la salsa sobre ellos y, después, una capa de queso rallado y trozos de mantequilla. Introducimos la fuente en el horno hasta que se doren.

Espinacas a la catalana

(Espinacs a la catalana)
Ingredientes:

2 kilos de espinacas

150 gramos de piñones

150 gramos de uvas pasas

175 gramos de mantequilla

1 1/2 litro de agua

Sal

Procederemos a limpiar, picar y lavar muy bien las espinacas. A continuación las pondremos al fuego en una cacerola con el agua y sal. Cuando estén cocidas las escurriremos bien hasta quitarles todo el agua.

En una sartén, al fuego, pondremos la mantequilla, los piñones y las pasas, después de quitarles a éstas el rabo; lo freiremos hasta que estén dorados los piñones. Añadiremos las espinacas que saltearemos durante cinco minutos, moviéndolas continuamente, para que absorban bien toda la mantequilla.

Las pondremos en una fuente y las serviremos a la mesa muy calientes.

Espinacas a la crema

(Espinacs amb crema)
Ingredientes:

2 kilos de espinacas

1 litro de nata liquida

Sal

Pimienta blanca en polvo

Nuez moscada

1 1/2 litro de agua

Lavaremos en abundante agua las espinacas, las picaremos y las coceremos con agua y sal. Una vez cocidas las escurriremos muy bien, quitándoles todo el agua, y las trituraremos muy finamente, bien pasándolas por la batidora, bien por el prensa-purés. Ya pasadas las pondremos en un cazo al fuego, les echaremos la nata, pimienta, sal y un poco de nuez moscada rallada, y las dejaremos hervir, y moviéndolas constantemente con una cuchara de madera hasta que queden espesas.

Este plato podemos presentarlo en recipientes individuales adornándolo por encima con rodajas de huevo duro.

Habas a la catalana

(Faves a la catalana)
Ingredientes:

4 kilos de habas con vaina o bien 2 kilos de habas congeladas

1 vaso de agua lleno de agua o mejor de caldo de carne

1 vasito de vino lleno de vino rancio

200 gramos de tocino de hebra

150 gramos de butifarra negra especial para las habas

5 cucharadas soperas de aceite

1 cebolla mediana

Un ramo compuesto por: laurel, hierbabuena o menta y perejil fresco

6 dientes de ajo

Sal

En una cazuela de barro al fuego, con el aceite, freiremos la cebolla, pelada y picada finamente, y los ajos también picados; rehogaremos bien y le añadiremos el ramo compuesto. Ya dorada la cebolla, incorporaremos el tocino partido y la butifarra a rodajas, dejándolo hacer unos 5 minutos y añadiendo, finalmente, las habas desgranadas o las congeladas. Revolveremos bien y adicionaremos el jerez y el agua, sazonando con sal. Las habas, que deberán ser muy tiernas, cocerán poco a poco hasta que estén en su punto.

Las serviremos en la misma cazuela de barro.

En ocasiones se les pone también carne de lomo y manteca de cerdo, un vaso de vino aguardiente, tomates, pimientos y un poco de azúcar, aunque nunca jamón como se cree erróneamente.

Habas al «tombet»

(Faves al tombet)
Ingredientes:

1 kilo de habas tiernas desgranadas

1 lechuga gorda

4 dientes de ajo tiernos

1 rebanada de pan atrasado

Un chorro de vinagre

Pimienta blanca en polvo

1 cucharadita de café llena
de pimentón rojo dulce

3 cucharadas soperas llenas de aceite

Sal

1 vasito de vino lleno de agua

Picaremos la lechuga, bien lavada, y la mezclaremos con las habas ya desgranadas. Freiremos, en una cazuela de barro al fuego, los ajos con el aceite, retirándolos en cuanto estén dorados, al mortero donde los majaremos bien con el pan (tostado o frito) hasta dejarlo como un pasta que desleiremos con el chorro de vinagre y el agua. Rehogaremos las habas con la lechuga en la cazuela donde hemos frito los ajos, le añadiremos el majado y el pimentón y lo dejaremos hacer hasta que esté todo tierno; sazonaremos con sal y pimienta y lo serviremos.

En vez de lechuga hay quien utiliza alcachofas cortadas a trozos.

Hortalizas asadas

(Escalivada)
Ingredientes:

4 pimientos gordos verdes

4 berenjenas grandes

Perejil fresco

Sal fina

1 taza de desayuno llena de
aceite de buena calidad

Asaremos los pimientos y berenjenas, si puede ser, sobre brasas de carbón de encina. Ya asadas ambas cosas, las pelaremos, retiraremos las semillas a los pimientos y partiremos todo en tiras. Lo colocaremos en una fuente, espolvoreándolo con sal fina, le echaremos aceite y el perejil fresco picado finamente. Esta escalivada se come como primer plato o bien acompañando carne asada a la parrilla.

Judías verdes cocidas

(Bullit de mongetes tendres)
Ingredientes:

1 kilo de judías verdes tiernas
y sin hebra

1 cebolla mediana

1 cucharada sopera llena de aceite

2 patatas medianas partidas en trozos

Sal

1 1/2 litro de agua

Más aceite aparte

Vinagre

Quitaremos las extremidades, o sea, cabeza y rabillo, de las judías y las partiremos en dos, las lavaremos en agua y poniéndolas a cocer en el agua hirviendo, junto con la cebolla, pelada y entera, y el aceite, y sazonadas; cuando estén a medio cocer les añadiremos los trozos de patatas, dejándolas hacer unos 15 minutos más.

Una vez tiernas y escurridas las sacaremos rápidamente, aún humeantes, a la mesa y presentaremos, aparte, las vinagreras con el aceite y el vinagre.

Judías verdes con jamón

(Mongetes tendres amb pernil)
Ingredientes:

1 1/2 kilos de judías verdes

150 gramos de jamón

1 kilo de tomates del tiempo

4 cucharadas soperas llenas de aceite

1 diente de ajo

1 cebolla mediana

Perejil fresco

Sal

1 1/2 litros de agua

Sin hilos y lavadas las judías, procederemos a cocerlas en el agua con sal el tiempo necesario. Cocidas y escurridas, las echaremos en una cazuela.

Pondremos en una sartén al fuego la mitad del aceite; cuando esté caliente freiremos en él el jamón cortado a cuadros; después de frito y escurrido lo incorporaremos a las judías. En el mismo aceite (echando el resto que tenemos) freiremos la cebolla pelada y picada muy menudo. Cuando esté dorado adicionaremos el tomate picado y lo dejaremos cocer hasta que consuma todo el caldo (la salsa debe quedar espesa); después la pasaremos por el pasa-puré, añadiéndola a la cazuela de la verdura. Majaremos el diente de ajo y unas ramas de perejil en el mortero y lo echaremos a las judías, removiéndolo todo, rectificaremos de sal, y las dejaremos cocer, tapadas y muy lentamente, durante 1/2 hora. Las serviremos en una fuente.

Setas a la «llauna» *(página 70)*

Judías verdes estofadas

(Mongetes tendres estofades)
Ingredientes:

1 kilo de judías verdes

1/4 de litro de aceite

4 cebollas medianas

2 dientes de ajo

Perejil fresco

Pimienta en grano

1 hoja de laurel

2 zanahorias medianas

Sal

Limpiaremos las judías verdes, que deberemos escoger entre las primeras de la estación, o sea, las más tiernas, ya que de lo contrario no nos serviran para esta preparación.

Pondremos una cazuela con la mitad del aceite, fuera del calor del fuego, y echaremos en ella las judías verdes, cortadas por la mitad o en cuadritos, las cebollas peladas y picadas, los dientes de ajo picados, perejil trinchado, un grano de pimienta, la hoja de laurel, sal y las zanahorias peladas y cortadas en rodajas; regaremos con el resto del aceite, taparemos y lo pondremos a fuego lento hasta que estén bien tiernas (si fuese preciso añadir algo de líquido, echaremos un vaso de agua lleno de vino blanco, nunca agua o caldo de carne).

Níscalos a la plancha

(Rovellons a la planxa)
Ingredientes:

1 kilo de níscalos frescos

4 dientes de ajo

1/4 litro de aceite que sea de muy buena calidad

2 cucharadas soperas llenas de perejil fresco muy picado

Sal fina

Bien limpios los níscalos, los secaremos con un paño, los colocaremos en la plancha ya untada con aceite y los asaremos con cuidado de que no se rompan.

En una sartén, con un poco de aceite, freiremos los ajos, pelados y picados, y el perejil (si gusta podemos añadir un poco de guindilla también picada); con este preparado vamos rociando los níscalos a los que daremos la vuelta a los tres o cuatro minutos, sazonándolos y rociándolos con más aceite, ajo y perejil, hasta que se terminen de asar. Los serviremos muy calientes.

Pan con tomate y jamón

(Pa amb tomaquet i pernil)
Ingredientes:

1 pan de pagès (Pan campesino del
que hacen en los pueblos, aunque
también lo venden, normalmente,
en todas las panaderías u hornos
de la región catalana)

4 tomates rojos muy maduros

8 lonchas de buen jamón

1 vaso de vino lleno de aceite fino

Sal fina

Partiremos el pan en rebanadas y las frotaremos con la mitad de cada tomate
abierto por su parte ancha, procurando que
el pan quede bien impregnado de su jugo y
pulpa; le echaremos aceite y sal.

Colocaremos las rebanadas en una fuente y sobre ellas las lonchas de jamón. Hay
quien, en lugar de jamón, pone un buen
salchichón de Vich.

Es un plato típico catalán, y muy refres-
cante si se deja unos momentos en el frigorífico.

Pan tostado y frotado con ajo

(Pa torrat amb all)
Ingredientes:

1 pan de pagès (Pan campesino del
que hacen en los pueblos, aunque
también lo venden, normalmente,
en todas las panaderías u hornos
de la región catalana)

6 dientes de ajo gordos

1 vaso de agua lleno de aceite de muy
buena calidad

Sal fina

Haremos rebanadas no muy gordas ni
tampoco muy finas, del pan de pagès, que
es esponjoso, con mucha miga y corteza
oscura y tostada.

Estas rebanadas las tostaremos por
ambos lados procediendo, después, a fro-
tarlos con los dientes de ajo pelados; les
echaremos sal y aceite.

En épocas de vendimia se come este pan
tostado y frotado con ajo unido a las uvas
recién cosechadas y acompañando, para
beber, un buen vino dorado del país.

A veces el pan no se tuesta.

Pastel de patata con sobrasada

(Pastís de patata amb sobrassada)
Ingredientes:

1 kilo de patatas

1 cebolla mediana

1 cucharada sopera llena de aceite

Sal

100 gramos de sobrasada

4 cucharadas soperas llenas
de mantequilla

Agua

Pelaremos las patatas y las coceremos en agua con la cebolla pelada y picada, sal y aceite. Ya cocidas, las pasaremos por el chino sin caldo (quedarán secas).

Untaremos bien un molde alargado de horno con mantequilla para que el pastel no se pegue. Extenderemos bien la patata al objeto de que quede lisa y la añadiremos unos trocitos de mantequilla sobre el pastel. Haremos trozos de la sobrasada, que esparciremos sobre el pastel. Meteremos el molde al horno hasta que tenga un bonito color dorado por su superficie.

Patatas a la catalana

(Patates a la catalana)
Ingredientes:

1 kilo de patatas

50 gramos de avellanas tostadas

2 cucharadas soperas llenas
de manteca de cerdo

2 cucharadas soperas llenas de aceite

Sal

2 tomates medianos

1 cucharada sopera llena de
pimentón encarnado dulce

Agua

Pondremos, en una cazuela al fuego, la manteca de cerdo y el aceite, añadiremos la cebolla y los ajos, todo pelado y picado y, a medio dorar, incorporaremos los tomates sin piel y el pimentón encarnado. Cuando todo esté bien frito, adicionaremos las patatas, peladas y cortadas a trozos, y, cuando hayan tomado color, echaremos el agua necesaria para que puedan hervir y ablandarse. Picaremos las avellanas finamente o bien las majaremos al mortero y las uniremos al guiso de las patatas.

Patatas a la cazuela

(Patates a la cassola)
Ingredientes:

1 kilo de patatas
2 cebollas gordas
3 tomates maduros
1/2 kilo de caracoles
100 gramos de tocino fresco
Sal
1 litro de agua

En una cazuela de barro al fuego, haremos derretir el tocino, cortado a trozos pequeños; cuando esté dorado le añadiremos las cebollas y los tomates (ambos pelados y picados). Rehogaremos todo unos 10 minutos agregando después las patatas peladas y cortadas en rodajas y los caracoles previamente limpios. Añadiremos el agua caliente, lo sazonaremos de sal y lo dejaremos cocer.

Patatas al estilo de Cerdeña

(Patates a l'estil de la Cerdanya)
Ingredientes:

1 1/2 kilo de patatas
250 gramos de tocino con hebra
2 dientes de ajo gordos
3 cucharadas soperas llenas de aceite
Pimienta blanca en polvo
Sal
Agua

Una vez peladas las patatas, las trocearemos y las coceremos, cubiertas de agua y con sal.

Mientras cuecen, haremos un sofrito con el aceite, puesto en una sartén al fuego, el tocino troceado, los ajos pelados y picados, sal y un poco de pimienta.

Escurriremos las patatas, las chafaremos con un tenedor, y las uniremos con el sofrito. Las serviremos rápidamente a la mesa.

Sirven también como guarnición de platos de carne o aves asadas.

Patatas amarillas

(Patates grogues)
Ingredientes:

1 kilo de patatas

2 cucharadas soperas llenas
de manteca de cerdo

2 yemas de huevo crudo

1 cebolla mediana

1 limón

1 papeleta de azafrán hebra

Sal

1 1/2 litro de agua

Escogeremos patatas que sean del mismo tamaño y no muy grandes y, después de peladas y cortadas en trozos, las herviremos en el agua con sal.

En una cazuela al fuego, freiremos en la manteca la cebolla pelada y cortada muy fina. Añadiremos a la cazuela las patatas escurridas y parte de su caldo, las yemas de huevo desleídas en un poco de agua fría, el zumo del limón colado y el azafrán; las coceremos unos 15 minutos. Deben quedar muy amarillas.

Patatas con bacalao

(Patatas amb bacallá)
Ingredientes:

1 kilo de patatas

1 cebolla pequeña

200 gramos de bacalao seco

2 dientes de ajo

1 hoja de laurel

Agua

En una cazuela al fuego con el aceite, freiremos la cebolla pelada y muy picada y los ajos (también pelados y picados), rehogaremos bien y, antes de que se dore, le añadiremos el bacalao, previamente remojado, sin piel ni espinas y partido en pequeños trozos. Echaremos a continuación las patatas peladas y partidas en trozos iguales, rehogaremos junto con el pimentón y le adicionaremos agua caliente, la hoja de laurel y un poquito de sal, teniendo en cuenta que el bacalao siempre tiene restos de sal. Las dejaremos cocer poco a poco hasta que estén en su punto. Si las deseamos un poco picantes podemos poner guindilla muy picada o bien pimentón picante.

Las serviremos calientes en la misma cazuela si ésta es de barro o de cerámica vitrificada.

Patatas con butifarra

(Patates amb botifarra crua)

Ingredientes:

1 kilo de patatas

1 cebolla grande

1 cucharada sopera llena
de manteca de cerdo

1 litro de caldo de pollo o de cubitos

2 cucharadas soperas llenas
de mantequilla

2 butifarras «cruas»
(300 gramos de peso)

2 quesitos de porción

2 tazas de desayuno llenas de salsa
bechamel (Para hacerla consultar
Capítulo SALSAS)

Perejil fresco

Nuez moscada

Sal

Pelaremos las patatas y las cortaremos a rodajas de un mismo tamaño y grosor. En una cazuela al fuego, con la manteca, doraremos la cebolla pelada y cortada también a rodajas, añadiremos las patatas y echaremos sal y el caldo, poniendo encima la mantequilla. Meteremos la cazuela en el horno.

Prepararemos la salsa bechamel incorporando a dicha salsa los quesitos y un poco de nuez moscada rallada. Una vez cocidas las patatas, pondremos sobre ellas las butifarras, cortadas a trozos, y cubriremos todo con la salsa; esparciremos por encima el perejil picado y lo meteremos de nuevo en el horno hasta que estén doradas.

Patatas con jamón y queso

(Patates amb pernil i formatge)

Ingredientes:

1 kilo de patatas

1 taza de desayuno llena de salsa
bechamel (Para hacerla consultar
Capítulo SALSAS)

150 gramos de jamón
propio para guisar

100 gramos de queso rallado

2 cucharadas soperas llenas
de mantequilla (no margarina)

Sal

Pimienta blanca en polvo

Pelaremos las patatas y las cortaremos a discos más bien finos. Cortaremos el jamón en trozos pequeños.

En una fuente de horno, que podamos después sacar a la mesa, untada previamente con un poco de mantequilla, dispondremos capas de patatas y sobre éstas un poco de salsa bechamel, jamón, queso, mantequilla, sal y pimienta; después otra capa de patatas; sobre la última capa unos trocitos de mantequilla.

Meteremos la fuente al horno para que las patatas se hagan bien, y con fuego por arriba y por abajo.

Vigilaremos que no se quemen.

Patatas con tocino

(Patates am cansalada)
Ingredientes:

1 kilo de patatas

1 cebolla mediana

Perejil fresco

1 taza de desayuno llena de aceite

100 gramos de tocino

1 cucharada sopera llena de harina

1 hoja de laurel

Sal

1 1/2 litro de agua, mejor de caldo

Echaremos, en una cazuela al fuego, el a-ceite y el tocino cortado a cuadraditos, así como la cebolla pelada y picada. Una vez dorada, le añadiremos las patatas peladas y cortadas a trozos, la harina y la hoja de lau-rel. Rehogaremos todo bien y adicionare-mos el agua o el caldo caliente, sazonándo-las con sal, y dejándolas cocer a fuego moderado, hasta que estén en su punto. Las serviremos en una fuente, muy calientes y espolvoreadas con perejil fresco picado.

Patatas con tomillo

(Patates amb farigola)
Ingredientes:

1 kilo de patatas nuevas, todas iguales y redondas (si no se tienen se pueden hacer con el aparato especial)

4 cucharadas soperas llenas de mantequilla

2 cucharadas soperas llenas de aceite

Un poco de tomillo

Perejil fresco

2 cebollas medianas

2 dientes de ajo

1 taza de desayuno llena de caldo de carne o del puchero

Sal

Pelaremos las patatas o bien las haremos con el aparato especial de forma que todas sean de un tamaño parecido. Lavadas, las rehogaremos, en una cazuela al fuego junto con la mitad de la mantequilla y el aceite; echaremos sal y el ramito de tomillo, agre-garemos el caldo y dejaremos que cuezan poco a poco.

Picaremos las cebollas peladas y las frei-remos en el resto de la mantequilla, con sal, perejil picado y los dientes de ajo muy trin-chaditos; lo incorporaremos a las patatas.

Retiraremos el tomillo y serviremos las patatas, que estarán calientes, en una fuen-te con su salsa.

Patatas rellenas

(Patates farcides)
Ingredientes:

---

16 patatas medianas

300 gramos carne de ternera

1/2 lata de tomate al natural

2 cebollas medianas

2 pimientos rojos

5 dientes de ajo

Perejil fresco

1/2 cucharada sopera llena de
pan rallado

1/2 litro de aceite

Sal

1/2 vaso de vino lleno
de vino blanco seco

Agua

Cortaremos la carne en trozos y la sazonaremos con uno de los dientes de ajo machacado, dejándola reposar unos 15 minutos.

En una cazuela al fuego con aceite caliente, rehogaremos la carne hasta que quede bien dorada; a continuación le añadiremos una de las cebollas pelada y picada y lo freiremos un poco, agregando el tomate y los pimientos (éstos picados) y removiéndolo bien. Majaremos en el mortero otro diente de ajo con unas ramas de perejil y lo desleiremos con un chorro de vino blanco, y lo vertiremos sobre la carne. Sazonaremos con sal y la dejaremos cocer, lentamente, hasta que esté tierna.

Podemos agregar un poco de agua, si fuese necesario.

No prepararemos las patatas hasta que la carne esté en su punto, para evitar que se pongan negras.

Así que la carne esté hecha, la separaremos de su salsa, dejando hervir ésta para que se reduzca y cuidando de que no se queme. Picaremos la carne sobre la tabla, que nos quede muy menuda, y la agregaremos a la salsa, ya reducida, removiéndolo bien para unir ambas cosas.

Escogeremos patatas lisas y de tamaño mediano, que pelaremos y ahuecaremos con el aparato destinado a este fin. Con una cucharilla las iremos rellenando, procurando poner salsa y carne a la vez. A medida que las vamos rellenando taparemos el hueco con un trozo de patata de los que hemos quitado. El resto de los trozos los sazonaremos con ajo machacado, reservándolos.

En una sartén al fuego con aceite caliente, rehogaremos las patatas (el aceite debe ser abundante) hasta dejarlas doradas por todos los lados y, a medida que se van rehogando, las colocaremos en una cazuela. Ya todas rehogadas, freiremos los trozos reservados que también incorporaremos a la cazuela, entre las patatas rellenas. En un poco de aceite de freírlas (si es mucho se quita una parte; y si está sucio se cuela) prepararemos una salsa con el resto de cebolla pelada y picada; así que esté frita le añadiremos el pan rallado, lo rehogaremos un poco y agregaremos ajo machacado en el mortero y desleído con el resto del vino blanco. Herviremos unos 10 minutos vertiéndolo sobre las patatas y agregándoles agua hasta cubrirlas.

Sazonaremos con sal, teniendo en cuenta que la carne ya tenía sal. Cocerán hasta que estén tiernas y procurando que se conserven enteras. Las serviremos en una fuente con toda su salsa.

Patatas sencillas

(Patates senzilles)
Ingredientes:

1 kilo de patatas

6 cucharadas soperas llenas de aceite,
de manteca de cerdo o de margarina

Sal

1 cucharada sopera llena de
perejil fresco picado

1 cucharada sopera llena de
ajos picados

Sal fina

Pelaremos las patatas y las prepararemos o cortaremos a láminas delgadas (como para hacer tortilla de patata).

En la grasa elegida y en una sartén al fuego, que estará bajo, rehogaremos las patatas con sal, también de la misma forma que hacemos con las patatas para una tortilla.

Las moveremos continuamente y, cuando las veamos ya hechas, las escurriremos de la grasa, las pondremos en una fuente, las cubriremos con el perejil y los ajos picados, y las sacaremos a la mesa muy calientes.

Setas a la «llauna»

(Bolets a la llauna)
Ingredientes:

1 kilo de setas frescas, mejor la clase
conocida en la región catalana como:
«llenegues»

100 gramos de tocino con hebra

100 gramos de manteca de cerdo

2 cucharadas soperas llenas de
perejil fresco picado

3 dientes de ajo

Sal fina

Pimienta negra en polvo

Limpiaremos bien las setas con sumo cuidado para quitarles la arena, escurriéndolas bien y rascando con un cuchillo el sombrero de la seta. Pelaremos también la cola, cortándola a unos centímetros del pie, pues acostumbra a ser dura y correosa.

En una fuente de horno metálica («llauna») dispondremos las setas junto con la manteca, el tocino cortado a trozos, sal y pimienta y, por encima espolvorearemos el perejil y los ajos picados, metiendo la «llauna» al horno hasta que las setas adquieran un bonito color dorado. Hay quien echa el perejil y los ajos en el momento de servir las setas a la mesa, o sea después de estar ya hechas.

Setas con perejil

(Bolèts amb julivert)
Ingredientes:

1 kilo de setas frescas
150 gramos de jamón
2 dientes de ajo
40 gramos de pan rallado muy fino
2 cucharadas soperas llenas de perejil fresco
1 taza de desayuno llena de aceite
1 vaso de vino lleno de agua
Pimienta negra en polvo
Sal

Cortaremos el jamón en trocitos algo más gruesos que dados y los freiremos un poco en algo de aceite puesto al fuego en un pote o cazuela; añadiremos las setas bien limpias y enteras, o partidas si son demasiado grandes.

Estarán en el fuego mientras se consume el agua que sueltan.

Agregaremos el pan rallado unido a los ajos picados y el perejil. Las rehogaremos añadiendo el resto del aceite y sin tocarlas ni con la cuchara ni con otro elemento y, cuando ya casi estén fritas, incorporaremos el vaso pequeño de agua fría, sal y un poco de pimienta negra. Después de 15 minutos de cocción, podemos servirlas.

Sofrito de cebolla y tomate

(Sofregit de ceba i tomàquet)
Ingredientes:

1/2 kilo de tomates del tiempo, que estén maduros
300 gramos de cebollas
2 dientes de ajo
1 cucharada sopera llena de perejil picado
Sal
1 taza de desayuno llena de aceite

En una sartén al fuego, con el aceite no demasiado caliente, freiremos la cebolla bien pelada y picada, dejándola que se haga a fuego lento. Cuando la cebolla adquiera transparencia, añadiremos los dientes de ajo, también picados y, a continuación, el perejil, procurando que no se quemen. Incorporaremos los tomates, pelados y triturados, y la sal, dejando que siga la cocción con poco fuego hasta que embeba todo el agua desprendida por los tomates. Este sofrito sirve para toda clase de guisos y como guarnición de carnes y aves.

Nota: En algunos «sofregits» (sofritos) no se pone el perejil ni el ajo, incoporándose en cambio pimientos encarnados frescos, muy picados.

Tomates rellenos
a la catalana

(Tomáquets farcits a la catalana)

Ingredientes:

8 tomates grandes
1/4 kilo de butifarra catalana
1 cucharada sopera llena de pan rallado
1 taza de desayuno llena de aceite
Perejil fresco
1 diente de ajo
Sal

Cortaremos los tomates por la mitad, los vaciaremos y los colocaremos en una fuente de horno. Los espolvorearemos con sal y les echaremos un chorrito de aceite crudo.

Trituraremos la pulpa del tomate junto con la butifarra, rellenando con esto los tomates con una cuchara. Espolvorearemos los tomates con el pan rallado, y perejil y ajos picados.

Volveremos a echar aceite crudo por encima y los asaremos 15 minutos en el horno.

Varios

Caracoles a la catalana *(página 79)*

Albóndigas o bolas de bacalao

(Mandonguilles de bacallá)
Ingredientes:

700 gramos de bacalao remojado

y cortado en trozos

Agua, 1/4 litro de leche

100 gramos de pan fresco

1 huevo crudo

Sal

Pimienta blanca en polvo

1 cucharilla de las de café llena

de canela en polvo

Perejil fresco

1 cucharada sopera llena de harina

1/4 litro de aceite

PARA LA SALSA:

2 dientes de ajo

2 papeletas de azafrán hebra

8 avellanas tostadas

Agua

Herviremos el bacalao, le quitaremos las espinas y lo trincharemos bien; le añadiremos la miga del pan remojada en la leche, el huevo crudo, sal, pimienta, la canela, un poco de perejil trinchado y la harina. Lo uniremos y moldearemos las albóndigas o bolas, que freiremos en el aceite caliente.

Una vez hechas, las dejaremos en una cazuela. Prepararemos una salsa compuesta de una picada de los ajos, el azafrán, las avellanas tostadas y un poco de agua, y la echaremos sobre las albóndigas o bolas, dejándolas que hiervan unos 25 minutos.

Buñuelos de apio
Ingredientes:

1 pie de apio entero

2 litros de agua

1 cucharada de café llena

de canela en polvo

Pasta para freír (Para hacerla

consultar receta anterior

1/2 litro de aceite

2 limones y sal

El apio será tierno. Lo tendremos a remojo unas 2 horas en agua fría, después lo cortaremos a trozos y herviremos en agua caliente con sal.

Una vez cocido y escurrido, lo espolvorearemos con la canela y echaremos el zumo de medio limón colado. Rebozaremos los trozos de apio con pasta de freír y los freiremos en la sartén, al fuego con aceite muy caliente. Estarán hechos cuando adquieran un bonito color dorado. Los serviremos calientes junto con el resto de los limones cortados a rodajas.

Buñuelos de bacalao

(Bunyols de bacalla)
Ingredientes:

400 gramos de bacalao seco

3 cucharadas soperas llenas de harina

4 huevos crudos

1/2 litro de aceite

Sal

Pondremos el bacalao a remojo unas veinticuatro horas. le quitaremos la piel y las espinas, desmenuzándolo bien.

Batiremos en una fuente las yemas de los huevos, añadiéndoles la harina, el bacalao y sal, lo mezclaremos bien y agregaremos las claras batidas a punto de nieve. en una sartén, con abundante aceite muy caliente, iremos echando esta mezcla a cucharadas. las escurriremos. Sirviendo los buñuelos muy calientes.

Podemos hacer estos buñuelos perfectamente en batidora. La crema fina que obtendremos en ella la vamos friendo en pequeñas porciones, como en el caso anterior.

Buñuelos de caracoles

(Bunyols de cargols)
Ingredientes:

4 docenas de caracoles

1/2 cebolla gorda

1 diente de ajo

Pasta para freír

Sal

Pimienta blanca en polvo

1/2 litro de aceite

Perfectamente limpios los caracoles, los retiraremos de su cáscara y los freiremos en una sartén al fuego, con algo de aceite, la cebolla y el ajo, pelados y picados, y sazonados con sal y pimienta. Ya en su punto los dejaremos en un plato que se enfríen.

Prepararemos la pasta para freír de la siguiente forma: uniremos una taza de desayuno llena de harina (que sea buena y fina) con un vasito de vino lleno de agua o de leche, una cucharilla de café llena de levadura en polvo y una yema de huevo cruda. Lo batiremos bien uniéndolo perfectamente; si es preciso agregaremos más agua o más leche. Al final de este batido echaremos la clara de huevo batida a punto de nieve. Podemos echar un poco de sal; también hay quien pica algo de ajo y de perejil fresco).

Tomaremos los caracoles, uno a uno, con un poco de su propia salsa y los pasaremos por la pasta preparada y, a cucharadas, los iremos incorporando a la sartén que estará al fuego con abundante aceite muy caliente; los doraremos y los serviremós en cuanto estén hechos y muy calientes.

Buñuelos de sesos

(Bunyols de cervell)

Ingredientes:

2 sesadas de cerdo

1/2 limón

Sal fina

Pimienta negra en polvo

3 huevos crudos

1/2 litro (acaso menos) de aceite fino

Perfectamente lavados los sesos, lo rociaremos con unas gotas de zumo de limón, los sazonaremos con sal y pimienta negra y los cortaremos en láminas delgadas. Estas láminas las pasaremos por los huevos batidos y las freiremos por ambos lados en una sartén al fuego con abundante aceite muy caliente, dándoles la vuelta al medio minuto. Los retiraremos en cuanto estén hechos, y los serviremos calientes a la mesa.

Butifarra con fríjoles

(Botifarra amb fesolets)

Ingredientes:

4 butifarras

400 gramos de fríjoles secos

2 zanahorias medianas

2 cebollas medianas

150 gramos de tocino con algo de hebra

1 ramito de hierbas compuesto por:

unas ramas de perejil fresco

1 hoja de laurel y un poco

de tomillo, todo ello atado

1 1/2 litro de agua

Sal

Pimienta blanca en polvo

Puestos los fríjoles a remojo desde la noche anterior, los coceremos, partiendo del agua fría, en una olla al fuego con la mitad del tocino, en un solo trozo, el agua, sal, pimienta y las cebollas y las zanahorias, peladas y troceadas. Ya cocidos los fríjoles, los escurriremos y reservaremos.

Cortaremos la otra mitad del tocino y lo freiremos, junto con el tocino cocido, en una sartén; así que esté casi deshecho, rehogaremos en esa grasa las butifarras.

Presentaremos el plato colocando primero en una fuente los fríjoles, luego, por encima, los trozos de zanahorias y los de cebollas y el tocino magro y, encima, las butifarras ya fritas.

Podemos preparar este plato con antelación y recalentarlo luego sin que pierda su sabor.

Butifarra con judías

(Botifarra amb mongetes)
Ingredientes:

4 butifarras frescas
100 gramos de manteca de cerdo
600 gramos de judías secas
Agua
Sal

Remojadas las judías desde la víspera, las pondremos a cocer en agua fría. A mitad de su cocción las sazonaremos y, terminada ésta, las escurriremos perfectamente del agua.

Pincharemos las butifarras con una aguja para que no revienten y las freiremos en una sartén grande, al fuego, con la manteca de cerdo; ya fritas, las reservaremos en lugar templado. En la misma sartén freiremos las judías o «mongetes», dejándolas dorar. Se sirven ambas cosas muy calientes y en una fuente de mesa.

Butifarra con setas

(Botifarra amb bolets)
Ingredientes:

4 butifarras
500 gramos de setas frescas
2 dientes de ajo
Perejil fresco
Miga de pan fresco (de 2 rebanadas de pan más o menos)
150 gramos de manteca de cerdo
Sal

En una sartén o cazuela, al fuego, con parte de la manteca, rehogaremos las butifarras. Una vez rehogadas, las retiraremos a un plato. Pondremos en la sartén el resto de la manteca y freiremos en ella las setas, que tendremos limpias y cortadas a trozos. Les echaremos sal y los dientes de ajo pelados y picados, así como perejil picado y la miga de pan desmigada con los dedos. Uniremos butifarras con setas y meteremos todo en el horno, sólo unos 5 o 10 minutos, sirviendo el plato muy caliente.

Butifarra dulce

(Botifarra dolça)
Ingredientes:

40 centímetros de tripa de embutido
300 gramos de lomo de cerdo
Sal
1 limón
2 cucharadas de azúcar
Pan
Leche

Receta típica para los aficionados a hacer embutido en casa. Esta butifarra dulce es muy popular en la comarcas del Ampurdán; se considera en esos pueblos el manjar más sabroso por excelencia.

Picaremos el lomo de cerdo muy bien y lo sazonaremos con sal y ralladuras de un limón.

Rellenaremos la tripa, atando un extremo y, una vez repleta, ataremos el lado opuesto la colgaremos a continuación un par de horas.

En una cazuela al fuego con agua, a la que habremos añadido dos cucharadas de azúcar y el zumo de un limón, echaremos la butifarra y la dejaremos cocer despacio hasta que quede el caldo acaramelado.

Cortaremos unas rebanadas de pan blanco y las remojaremos en leche.

Retiraremos la butifarra y echaremos el pan en el caldo para que se empape con el caramelo, y, por último, serviremos la butifarra con el pan alrededor.

Caracoles a la catalana

(Cargols a la catalana)
Ingredientes:

2 kilos de caracoles
Agua
Sal
80 gramos de manteca de cerdo
2 dientes de ajo
Perejil fresco
Un poco de tomillo
1 hoja de laurel
1 clavo de especia
1 cucharada sopera llena de harina
1 yema de huevo crudo
El zumo de 1 limón colado

Bien lavados los caracoles, los escurriremos y sacaremos de sus conchas, los lavaremos de nuevo y los coceremos en agua con un poco de sal.

Una vez cocidos y escurridos, los echaremos en una cazuela al fuego con la manteca, los ajos y perejil picados, el tomillo, el laurel, el clavo de especia y la cucharada de harina.

Los rehogaremos un rato en toda esta mezcla, les añadiremos la yema de huevo y el zumo del limón y lo serviremos a continuación.

Caracoles al estilo de Tarragona

(Cargols a l´estil de Tarragona)
Ingredientes:

8 docenas de caracoles gordos

3 dientes de ajo

1 poco de guindilla picante

1 cucharada sopera llana de
pimentón rojo dulce

200 gramos de tomate fresco

100 gramos de jamón

1 taza de desayuno lleno de aceite

8 almendras tostadas

2 cebollas medianas

1 hoja de laurel

Un poco de tomillo

Perejil fresco

1 vasito de vino lleno de
vino blanco seco

50 gramos de miga de pan fresco

Agua

Sal

Canela en polvo

Pimienta blanca en polvo

Una vez limpios los caracoles, los coceremos en abundante agua, con sal, por espacio de unas 2 horas. Transcurrido este tiempo los escurriremos.

En una cazuela de barro, al fuego, echaremos aceite (no todo) y freiremos en ella las cebollas peladas y picadas finas, y el jamón cortado en trozos. Rehogaremos y, cuando adquieran un color dorado, añadiremos el vino y los tomates, escaldados y pasados por un colador. Luego echaremos 1/4 de litro de agua. Sazonaremos con sal y pimienta, y adicionaremos los caracoles y un manojo atado, compuesto por el laurel, el tomillo y perejil. Taparemos la cazuela y dejaremos que cueza lentamente durante una hora.

Majaremos en el mortero un poco de perejil, los dientes de ajo, un trocito de guindilla, las almendras y la miga de pan, previamente frita en el resto del aceite que teníamos.

Macharemos todo bien hasta obtener una pasta a la que agregaremos un poco de canela en polvo, el pimentón y el vino, mezclando bien; después la echaremos a los caracoles, dejando que cuezan durante 5 minutos.

Serviremos los caracoles en la misma cazuela, espolvoreándolos con abundante perejil fresco picado.

Ranas con ajo y perejil *(página 91)*

Caracoles asados

(Cargols a la llauna)
Ingredientes:

8 docenas de caracoles grandes

Agua

1 vaso de agua lleno de vinagre

Sal

2 cucharadas de manteca de cerdo o
bien grasa de tocino derretido

2 tazas de desayuno llenas de salsa
alioli (Para hacerla consultar
Capítulo SALSAS)

Dejaremos «ayunar» los caracoles varios días. Después los lavaremos bien y los coceremos, en agua que los cubra, con sal y vinagre.

Escurridos del agua, los colocaremos en una placa de horno junto con la grasa (manteca o tocino derretido) y los asaremos a horno fuerte unos 10 minutos. Los serviremos con la salsa alioli.

Esta es la típica «Cargolada» que se sirve en las reuniones de amigos, acompañándola al mismo tiempo con vino del país en porrón.

Croquetas al estilo de Calella

(Croquetes a l'estil de Calella)
Ingredientes:

12 filetes muy finos de carne
de ternera

100 gramos de tocino con hebra

150 gramos de butifarra blanca

2 huevos duros

50 gramos de aceitunas
verdes sin hueso

Perejil fresco

1 cebolla mediana

3 tomates medianos

1/4 litro de aceite

Sal

Agua

Prepararemos los filetes bien para que no tengan pieles o nervios y los rellenaremos con un picadillo compuesto por la butifarra y el tocino, ambos picados, los huevos duros, las aceitunas y un poco de perejil, todo ello bien picado y bien mezclado. Les daremos a los filetes la forma de croqueta atándolos o cosiéndolos. Los doraremos en una cazuela con el aceite caliente, añadiendo, a continuación, la cebolla picada y los tomates pelados y picados.

Las dejaremos pasar a fuego lento, añadiendo agua fría si es necesario para que no se agarren al fondo de la cazuela.

Pasada una media hora las pasaremos a una fuente quitándoles los hilos y bañándolas con su propia salsa.

Las serviremos calientes; pueden adornarse con tiras finas de pimiento de lata o bien con rodajas de huevo cocido.

Croquetas de bacalao a la catalana

(Croquetes de bacalla a la catalana)
Ingredientes:

4 cucharadas soperas
muy colmadas de harina

150 gramos de bacalao seco

1 cebolla mediana

1 diente de ajo

Perejil fresco

1 litro de leche

Sal

Pimienta

Desmenuzaremos el bacalao seco y lo pondremos a remojo unas 6 o 7 horas en agua fría; pasado dicho tiempo lo escurriremos bien y reservaremos.

En una sartén al fuego con un poco de aceite freiremos la cebolla, pelada y picada, y el diente de ajo, también picado; antes de que se doren echaremos el bacalao, dándole una vuelta con cuchara de palo, añadiremos un poco de perejil picado, la harina y parte de la leche (caliente); revolveremos para que no se pegue e iremos echando más leche hasta el total. Sazonaremos con sal y pimienta. Ya en su punto, separaremos del fuego la pasta y le agregaremos las yemas de huevo; la extenderemos en una fuente y la dejaremos enfriar. Formaremos

las croquetas, que pasaremos por los huevos batidos y pan rallado, y freiremos en abundante aceite caliente.

Podemos servirlas con patatas fritas.

Croquetas de carne a la catalana

(Croquetes de carn a la catalana)
Ingredientes:

150 gramos de carne de cordero
(ya cocida o asada)

4 cucharadas soperas llenas de harina

50 gramos de mantequilla

1 litro de leche

4 huevos crudos

100 gramos de pan rallado

Perejil fresco picado

1/2 litro de aceite

Sal

Picaremos la carne en la tabla. En una sartén al fuego con la mantequilla, rehogaremos el picadillo de carne echándole la harina y la leche (caliente) y dando vueltas, vigilando que no se pegue; echaremos sal (y más leche si es preciso).

La masa quedará consistente y en su punto justo para preparar las croquetas. Fuera del fuego le incorporaremos perejil picado y uno de los huevos entero y batido. Dejaremos enfriar la masa o pasta en una fuente y haremos las croquetas, que rebozaremos en el resto de los huevos batidos y el pan rallado, los freiremos en abundante aceite caliente y las serviremos recién hechas.

Aconsejamos que el pan rallado esté poco tostado para evitar que las croquetas salgan negras o muy oscuras.

Croquetas de conejo

(Croquetes de conill)
Ingredientes:

4 trozos de conejo fritos,
guisados o asados

150 gramos de carne de ternera ya
frita, guisada o asada

50 gramos de tocino con hebra
cortado a dados

4 cucharadas soperas llenas de harina

2 rebanadas (80 gramos) de pan
del día con mucha miga

5 huevos crudos

100 gramos de pan rallado

150 gramos de manteca de cerdo

Sal

Pimienta blanca en polvo

1 taza de desayuno llena
de caldo de carne

Picaremos la carne de conejo junto con la carne de ternera, y le uniremos el tocino cortado a dados. Sazonaremos la mezcla con pimienta y sal y le añadiremos la harina y la miga de las rebanadas de pan remojadas con el caldo.

Picaremos todo ello en el mortero hasta convertirlo en pasta; le agregaremos uno de los huevos batido, trabajando la composición y dividiéndola en partes iguales y pequeñas.

Pasaremos cada porción por pan rallado y después por huevos batidos, las empanaremos de nuevo y las freiremos en la manteca de cerdo puesta en una sartén al fuego.

Cuando ya tomen color, retiraremos las croquetas de la sartén, las escurriremos bien y las serviremos calientes.

Croquetas de langosta

(Croquetes de Magusta)
Ingredientes:

300 gramos de langosta cocida

1/2 cebolla picada

1 litro de leche

4 cucharadas soperas
muy llenas de harina

1 taza de desayuno llena de pan rallado

1/2 litro de aceite o 150 gramos
de manteca de cerdo

3 cucharadas soperas llenas de mantequilla o margarina

2 huevos crudos

Sal

Pimienta blanca en polvo

Nuez moscada

Prepararemos la pasta de las croquetas con la cebolla picada frita en la mantequilla y echando la harina y la leche caliente. Cuando la pasta tenga consistencia y no se vean grumos, incorporaremos la langosta picada, sal, pimienta y un poco de nuez moscada rallada. La dejaremos enfriar en una bandeja y prepararemos las croquetas dándoles forma alargada y pasándolas por los huevos batidos y el pan rallado. Las freiremos en aceite abundante y caliente o bien en manteca de cerdo.

Croquetas de rape

(Croquetes de rap)
Ingredientes:

200 gramos de rape crudo

50 gramos de manteca de cerdo

1 litro de leche

4 cucharadas soperas llenas de harina

3 huevos crudos

1 taza de desayuno lleno de pan rallado

1/2 litro de aceite

Agua

Sal

1 cebolla mediana

Herviremos el rape en agua que le cubra con sal y, una vez cocido, lo picaremos o desmenuzaremos bien. Freiremos, en una sartén al fuego con la manteca, la cebolla pelada y cortada finamente; cuando empiece a dorarse, incorporaremos el rape, la harina, un poco de sal y la leche caliente, revolviendo hasta que la pasta se desprenda un poco de la sartén. Retirada del fuego, lo, dispondremos en un plato o fuente y la dejaremos enfriar unas 2 horas. Las croquetas las haremos dándoles la forma tradicional y rebozándolas con los huevos batidos y el pan rallado. Las freiremos en abundante aceite muy caliente.

Cuchipanda al estilo de La Garriga

(Cutxipanda a l´estil de la Garriga)
Ingredientes:

1 kilo de caracoles

1/2 litro de aceite de buena calidad

300 gramos de costilla de cerdo

300 gramos de lomo de cerdo

200 gramos de tocino fresco con hebra

200 gramos de jamón

2 cebollas gordas

1 kilo de tomates maduros

1/2 kilo de patatas

3 berenjenas pequeñas

4 pimientos rojos frescos

3 huevos crudos

1 picada compuesta por 3 dientes de ajo, perejil y 6 almendras tostadas, diluido todo en un vaso de vino lleno de vino blanco seco

Limpiaremos bien los caracoles, los pondremos en una cazuela al fuego con el aceite caliente y les añadiremos la costilla, lomo, tocino y jamón, todo troceado. Lo rehogaremos y añadiremos las cebollas peladas y troceadas, y cuando éstas tomen color incorporaremos los tomates. Una vez en su punto, adicionaremos las patatas peladas y troceadas.

No es aconsejable remover con ningún objeto metálico, sino más bien agitar la cazuela durante toda su cocción. Después de las patatas, y cuando el guiso lleve unos 15 minutos hirviendo, echaremos las berenjenas, troceadas y sin pelar, y los pimientos, que previamente habremos asado, pelado y quitado las semillas.

Cuando veamos que la «Cuchipanda» está casi lista (lo que se puede comprobar por el estado de las patatas y las berenjenas) adicionaremos la picada. Un poco antes de retirarla del fuego echaremos por encima los huevos batidos como para tortilla dejando que se cuajen, momento en el que podemos servir el guiso.

Empanadillas de espinacas

(Panadons d`espinacs)
Ingredientes:

1/2 litro de leche

1/2 kilo de manteca de cerdo

1/4 de pasta de panadería (levadura)

Harina la que admita

PARA EL RELLENO:

1/2 decilitro de aceite

1 kilo de espinacas

100 gramos de pasas

100 gramos de piñones (pelados)

Sal

Agua

Escaldaremos las espinacas limpias, con agua hirviendo; las escurriremos bien y las freiremos con el medio decilitro de aceite. Cuando ya estén fritas, agregaremos las pasas y los piñones, dejándolas freír un poco más. Una vez hechas las reservaremos. Para preparar la masa desleiremos la levadura en la leche templada y le añadiremos harina hasta hacer una masa compacta y unida.

Cuando la masa esté fina y no se pegue en las manos, la extenderemos sobre el mármol agregándole la manteca y trabajándola un poco. La dejaremos reposar de 1 a 2 horas.

Estiraremos la masa sobre la mesa espolvoreada de harina, dejándola del grueso de medio centímetro y cortando discos del tamaño que se quiera, poniendo encima de cada uno de ellos una ración de relleno, lo doblaremos uniendo sus bordes y los coceremos a horno caliente.

Nota: Se trata de un plato típico de Lérida los viernes de Cuaresma y Viernes Santo.

Butifarra con judías *(página 78)*

Fiambre de hígado

(Carn freda de fetge)
Ingredientes:

800 gramos de carne de ternera,
de la falda, abierta

150 gramos de tocino cortado a tiras

8 hígados de pollo

100 gramos de manteca de cerdo

1 zanahoria mediana

1 cebolla mediana

Sal

1 vasito de vino lleno de jerez seco

Extendida la carne, le echaremos sal. Aparte, y en un poco de manteca, freiremos los higadillos picados junto con la mitad de la cebolla también picada. Con ésto y las tiras de tocino, rellenaremos la carne, que ataremos con una cuerda fina.

En una cazuela, al fuego, con el resto de la manteca, la mitad de la cebolla pelada, y la zanahoria pelada y cortada a discos, asaremos la carne. A la mitad de su cocción le echaremos el jerez.

Cuando esté hecha y fría, cortaremos el fiambre a rodajas, más bien finas, y lo serviremos frío.

Gachas

(Farinetes)

Se trata de un plato de Cocina Catalana parecido a las «gachas» o a «les fariñes» y que se prepara con una mezcla de varias harinas diferentes: harina de maíz, harina de trigo, harina de guijas y harina de almorta, a razón de 1 cucharada sopera muy llena por persona.

Se pone a cocer esta mezcla de harinas con agua, un poco de sal y una cucharada de mantequilla. Se dejan cocer bien, removiéndolas continuamente hasta que nos queden sumamente finas.

Jamón con tomate

(Pernil amb tomáquet)
Ingredientes:

300 gramos de jamón cortado en
8 lonchas iguales

1/2 kilo de tomates

1/2 cebolla picada

8 cucharadas soperas llenas de aceite

Sal

Pimienta blanca en polvo

1 barra de pan de 1/4 o bien
8 rebanadas de pan

Haremos una salsa de tomate con los tomates, la cebolla, aceite y sal, que quede concentrada; la pondremos en una fuente de horno.

Aparte, freiremos las rebanadas de pan, que dejaremos en un plato.

Freiremos las lonchas de jamón y les agregaremos la salsa de tomate dejando que, ambas cosas se rehoguen unos 10 o 15 minutos.

Presentaremos cada trozo de jamón sobre una rebanada de pan y con la salsa de tomate. Si creemos que no está caliente lo meteremos, brevemente, al horno.

Melocotones rellenos de carne

(Préssecs farcits de carn)
Ingredientes:

8 melocotones frescos

(Pueden ser de lata)

300 gramos de carne de ternera

180 gramos de manteca de cerdo

1 huevo crudo

2 cucharadas soperas llenas de harina

12 almendras tostadas

1 cebolla mediana

1 trozo de pan frito

Un poco de azúcar

2 tazas de desayuno llenas de aceite

1 zanahoria mediana

Agua

Sal

Asaremos la carne, con sal, en una cazuela al fuego con la manteca de cerdo, la cebolla y la zanahoria, ambas cosas peladas y cortadas por la mitad. Una vez hecha, la picaremos finamente en la tabla.

Vaciaremos los melocotones (tienen que ser grandes y amarillos) sacándoles el hueso, y los rellenaremos con la carne. Rebozaremos la parte abierta de los melocotones con harina y huevo mezclados, y los freiremos en el aceite.

Colaremos la manteca de cerdo, en la que hemos asado la carne, la echaremos en otra cazuela junto con los melocotones, y les añadiremos una picada hecha con las almendras tostadas y el pan frito, sal y un poco de azúcar. Incorporaremos como 1/4 de litro de agua o caldo para que se cuezan bien.

La salsa tiene que quedar espesa.

Pastel de cerdo

(Pastis de porc)
Ingredientes:

500 gramos de morro de cerdo

1 oreja de cerdo

1 pata de cerdo

1/4 kilo de carne magra de cerdo

1 cebolla mediana

2 dientes de ajo

2 zanahorias medianas

1 cucharada sopera llena
de perejil fresco picado

2 gramos de pimienta negra

Agua

Sal

100 gramos de jamón

1 clara de huevo (crudo)

Prepararemos el morro, oreja y pata, bien

limpios, y los pondremos a cocer en agua con sal a fuego vivo, por espacio de 10 minutos. Ya escurridos, los pondremos de nuevo a cocer, añadiéndole agua nueva, la carne magra, la cebolla pelada y troceada, los ajos, las zanahorias (peladas y picadas) el perejil, la sal y la pimienta en grano. Deberán cocer unas 2 horas, hasta que veamos que es fácil separar la carne de los huesos. Picaremos la carne así obtenida y la dejaremos bien aprisionada dentro de un molde y en el frigorífico, por espacio de una noche. Con el caldo de la segunda cocción haremos una gelatina, comenzando por quitar la grasa, calentar, colar, clarificar y hervir de nuevo. Fuera del calor, le incorporaremos la clara del huevo batida.

La forma de saber si está hecha la gelatina es echando una gota en un plato y observando si pasados unos minutos queda cuajada; si esto no ocurriese, la gelatina debe hervir un poco más.

Esta gelatina estará unas 12 horas en el frigorífico. Retiraremos la carne del molde y presentaremos el pastel con la gelatina cortada en trozos y el jamón cortado a tiras.

Patacó
Ingredientes:

4 docenas de caracoles gordos

1/2 kilo de patatas

1/2 kilo de atún fresco

2 calabacines medianos

1 cebolla gorda

Agua

Sal

3 tomates gordos

1 vaso de vino lleno de vino blanco seco

12 almendras tostadas

1 papeleta de azafrán hebra

Perejil fresco

En una cazuela al fuego (mejor de barro) echaremos el aceite y rehogaremos en él la cebolla pelada y trinchada; cuando empiece a tomar color le agregaremos el tomate pelado, sin semillas y partido en trozos, dejándolos unos minutos en el fuego, y añadiendo, a continuación, las patatas peladas y partidas en trozos regulares, el calabacín partido en rodajas y el vino. Rehogaremos todo junto unos minutos más y lo cubriremos con agua. Cuando las patatas y el calabacín estén a medio cocer, incorporaremos el atún cortado a trozos, los caracoles previamente limpios y ya cocidos, y un poco de sal. Dejaremos que cueza lentamente hasta que el atún y los demás ingredientes estén en su punto. Unos diez minutos antes de retirarlo del fuego le agregaremos una picada compuesta por el azafrán, los ajos, las almendras, un poco de sal y caldo del propio guiso. Rectificaremos de sal y retiraremos la cazuela del fuego.

Serviremos el Patacó, muy caliente, en la misma cazuela de cocción.

Ranas con ajo y perejil

(Grandtes amb all i julivert)
Ingredientes:

8 ranas de tamaño mediano

1 taza de desayuno llena de harina

1 taza de desayuno llena de
miga de pan fresco

2 tazas de desayuno llenas
de aceite fino

Perejil fresco

Sal fina

Pimienta blanca en polvo

2 limones

2 dientes de ajo

Después de haber despellejado y limpiado bien las ranas, las abriremos por la mitad y las sazonaremos con sal; las pasaremos por la harina y las freiremos en una sartén puesta al fuego con el aceite caliente. Rallaremos o desmenuzaremos la miga de pan fresco, le incorporaremos los dientes de ajo y el perejil (ambos trinchados), y un poco de pimienta en polvo. Echaremos estos ingredientes sobre las ranas, ya dispuestas en una fuente, y, por último, en el instante de servirlas, las cubriremos con el zumo colado de los dos limones.

Advertencia: Para obtener éxito en esta receta, el aceite debe ser de muy buena calidad, pues la carne de las ranas acusa mucho su sabor.

Salchichas fritas

(Salsitxes fregides)
Ingredientes:

16 salchichas

Agua

200 gramos de manteca de cerdo

8 rebanadas de pan,
que puede ser atrasado

Separaremos las salchichas entre sí cortando el cordel que las une, y las pondremos en una cazuela al fuego, con agua que las cubra, dándoles un hervor ligero. Una vez retiradas del fuego, taparemos la cazuela y las dejaremos reposar por espacio de unos 10 minutos. Transcurrido este tiempo, las escurriremos, pincharemos con un afiler y las freiremos en la manteca de cerdo caliente.

Las serviremos con el pan frito, también en manteca de cerdo.

Tocino con col

(Col amb cansalada)
Ingredientes:

1 col de 1200 gramos de peso

que sea tierna

1 1/2 litro de agua

150 gramos de tocino con hebra

Sal

2 zanahorias medianas

2 cebollas medianas

1 taza de desayuno llena de

caldo de carne

Limpiaremos la col y la coceremos, en un puchero al fuego, con el agua y sal, entera, sin partir. Una vez tierna la cortaremos a trozos regulares.

Prepararemos una cazuela honda, que puede ser de barro, y en ella derretiremos el tocino cortado a trozos, añadiremos las zanahorias peladas y cortadas en rodajas, las cebollas peladas y picadas y la col. Cubriremos todo con el caldo de carne y lo coceremos hasta que el líquido esté totalmente embebido o evaporado.

Lo serviremos en la misma cazuela.

Arroz y pasta seca

Arroz al estilo de las masías de la montaña catalana *(página 97)*

Arroz a la catalana

(Arrós a la catalana)
Ingredientes:

400 gramos de arroz

100 gramos de jamón

1/4 kilo de salchichas

100 gramos de carne magra de
cerdo o de costilla de cerdo

50 gramos de manteca de cerdo

2 alcachofas medianas

4 tomates medianos

100 gramos de guisantes de lata

1 cebolla mediana

2 dientes de ajo

1 cucharada sopera llena de piñones

1 cucharada sopera llena
de almendras tostadas

Perejil fresco

El doble de volumen del arroz en caldo
de carne o de cubitos

Sal

En una cazuela de barro, al fuego, echaremos la manteca, el jamón, la carne magra y las salchichas, todo cortado a trozos; añadiremos también la cebolla pelada y trinchada y lo freiremos hasta que tome color; seguidamente incorporaremos los tomates mondados y picados y las alcachofas peladas y cortadas a trozos. Lo rehogaremos lentamente unos minutos.

Agregaremos a continuación el arroz y los guisantes, así como el caldo, que estará muy caliente, y un poco de sal. Maja-

remos en el mortero los dientes de ajo, junto con perejil, los piñones y las almendras, todo picado, y lo echaremos al arroz que empezará el hervor rápidamente y, una vez establecido, se baja el fuego para que se haga más lentamente, generalmente durante unos 20 o 25 minutos.

Hay quien le agrega azafrán en rama. También puede adornarse con tiras de pimiento morrón y unos discos de huevo duro.

Arroz al cuarto de hora catalán

(Arrós al quart d´hora)
Ingredientes:

1/2 kilo de arroz

1 cebolla mediana

2 tomates medianos

2 dientes de ajo

50 gramos de almendras tostadas

1/4 kilo de almejas o 12 mejillones

300 gramos de calamares

1/4 kilo de mero

1/4 kilo de congrio

Perejil fresco

1 taza de desayuno llena de aceite

Sal

Agua

En una cazuela honda (al fuego) con aceite, freiremos la cebolla pelada y muy picada; la rehogaremos y le añadiremos los tomates pelados, limpios y partidos a trozos, que se hagan un poco. Adicionaremos a continuación los calamares, limpios y cortados en pedazos, el mero y el congrio, también cortados a trozos, procurando que los pescados no tengan espinas. (Podemos aumentar los pescados si así lo deseamos.)

Las almejas (o mejillones) después de bien lavadas, las pondremos en un recipiente con un poquito de agua, al fuego, al objeto de que se abran. Reservaremos el caldo de haber cocido estos moluscos.

Ya cocidos, separaremos el «bicho» de la concha y las echaremos a la cazuela que tenemos para hacer el arroz. Removeremos con una cuchara, incorporando el arroz y algo más del doble de agua, que de arroz, aprovechando la que teníamos de cocer los moluscos.

Con los ajos, perejil y almendras haremos una picada en el mortero que echaremos al arroz junto con la sal.

Lo dejaremos cocer justo un cuarto de hora y se sirve un poco caldoso.

Arroz al estilo de Barcelona

(Arrós a l'estil de Barcelona)
Ingredientes:

1/2 kilo de arroz
1/2 pollo
100 gramos de jamón
1 cebolla mediana
1 pimiento rojo de lata
1/4 kilo de calamares
200 gramos de almejas
1/4 kilo de butifarra blanca
2 tomates medianos
2 dientes de ajo
Pimienta blanca en polvo
Perejil fresco
1 taza de desayuno llena de aceite
2 cucharadas soperas llenas de manteca de cerdo
Agua
Sal

En una cazuela de barro puesta al fuego con el aceite, freiremos la cebolla pelada y picada. Le añadiremos los calamares cortados a pedazos y fritos anteriormente en la manteca.

Adicionaremos también el pollo partido y la butifarra, lo mismo que el jamón, partido, y los tomates pelados, limpios y bien picados. Lo dejaremos hacer poco a poco. Lavaremos bien las almejas y las abriremos en una cazuela con agua caliente; una vez abiertas, les quitaremos una cáscara y las incorporaremos a la cazuela, lo mismo que el caldo que suelten, colado para que no tenga nada de tierra; por último echaremos el arroz, rehogándolo bien y cubriéndolo con un litro, o un poco más, de agua hirviendo. Dejaremos que se haga en el fuego durante veinte minutos, lo sazonaremos con sal y pimienta y añadiremos los ajos machacados en el mortero con perejil y desleído en un poco de su propio caldo.

Partiremos a tiras el pimiento.

Ya cocido el arroz, lo dejaremos reposar unos 3 minutos y lo serviremos en la misma cazuela con las tiras de pimiento sobre él.

Arroz al estilo de las masías de la montaña catalana

(Arrós a l´estil de les masies de muntaña)
Ingredientes:

1/2 kilo de arroz
1/2 kilo de conejo confitado en manteca
1/2 kilo de caracoles
100 gramos de tocino magro
1/4 kilo de cebolla
1/4 kilo tomates
2 dientes de ajo
1 pimiento
1 cucharada sopera llena de perejil fresco
1 cucharada sopera llena de pimentón rojo
Manteca de cerdo
1 trozo de cáscara de naranja seca
1 decilitro de aceite
Sal
Agua

Lavaremos los caracoles y los coceremos en agua con un poco de sal; reservaremos el agua donde los hemos cocido.

En una cazuela de barro, al fuego, con el aceite y tres cucharadas de manteca de conservar el conejo, freiremos el tocino, partido en pequeños dados, y el conejo, cortado a trozos pequeños, lo rehogaremos un momento añadiendo las cebollas peladas y picadas, y, antes de que tomen color, añadiremos los ajos picados y el pimiento, sin semillas y partido a trozos. Lo rehogaremos de nuevo para añadir, por último, el tomate pelado, limpio y partido. Déjaremos que cueza todo, a fuego lento, unos quince minutos, añadiendo después de este tiempo los caracoles ya cocidos y el pimentón, así como la piel de la naranja machacada en el mortero con un poco de perejil, y desleído en un poco de caldo de la cocción de los caracoles. Esto lo mezclaremos con el guiso de la cazuela, poniendo también como un litro y medio del caldo de los caracoles y lo dejaremos hervir unos 6 o 7 minutos para que se reduzca algo, agregando la carne y sazonando con sal. Lo coceremos por espacio de veinte minutos, dejándolo reposar otros cinco y lo serviremos a continuación en la misma cazuela.

Arroz al estilo de Tarragona

(Arrós a l'estil de Tarragona)
Ingredientes:

400 gramos de arroz
1/4 de pechuga de gallina
200 gramos de oreja de cerdo
200 gramos de carne de ternera
2 huevos duros
2 tomates medianos
1 cebolla mediana
100 gramos de butifarra blanca (Puede ser negra)
100 gramos de tocino con hebra
75 gramos de manteca de cerdo
2 dientes de ajo
100 gramos de jamón
Pimienta negra en polvo
Sal
2 1/2 litros de agua

Cortaremos la pechuga de gallina, la carne y el tocino a trozos, y los pondremos en una olla al fuego con los dos litros y medio de agua, sazonando con sal y cociendo todo a fuego lento durante dos horas.

Pasado este tiempo prepararemos el arroz.

En una cazuela de barro al fuego echaremos la manteca y freiremos en ella la cebolla pelada y picada abundantemente, el jamón y la butifarra, cortados ambos a trozos. Cuando esté dorado el conjunto, agregaremos los ajos y el tomate pelados y picados y haremos un sofrito. En este momento añadiremos el contenido de la olla (carne y caldo) y, al empezar el hervor, echaremos el arroz, sazonando con sal y pimienta. Coceremos el arroz a fuego lento durante 15 minutos.

Lo serviremos en la misma cazuela adornado con rodajas de huevo duro.

Arroz con butifarra

(Arrós amb botifarra)
Ingredientes:

400 gramos de arroz

2 butifarras crudas (La butifarra cruda
es como una especie de salchicha,
gruesa y jugosa, muy propia
de la cocina catalana)

1 lata mediana de tomate frito

1 cebolla mediana

1 taza de desayuno llena de aceite

Doble volumen de agua que de arroz

Sal

Echaremos el aceite en una cazuela al fuego y freiremos en ella la cebolla pelada y picada y las butifarras, cortadas a trozos. Echaremos el tomate frito, el arroz y por último el doble de agua (mejor si es caldo). Lo dejaremos cocer 20 o 25 minutos y serviremos en una fuente.

Arroz con cigalas

(Arrós amb escamarlans)
Ingredientes:

400 gramos de arroz

8 cigalas gordas

3/4 litro de agua

200 gramos de rape

200 gramos de congrio o de merluza

12 almejas o mejillones

50 gramos de guisantes de lata

80 gramos de cebollas

3 dientes de ajo

1/4 litro de aceite

1/2 lata de pimientos morrones

50 gramos de puré de tomate

Perejil fresco

1 papeleta de azafrán en hebra

1 cucharada sopera llena
de pimentón rojo

Pimienta blanca en polvo

Sal

Limpiaremos bien el pescado y lo cortaremos a trozos, dejando enteras las cigalas. Echaremos en una cazuela, al fuego, la mitad del aceite y después dos de los dientes de ajo; cuando estén dorados, los retiraremos y reservaremos; añadiremos las cebollas bien picadas, lo rehogaremos hasta dorarlo, incorporando a continuación el pimentón y el puré de tomate.

En una paella al fuego, pondremos el resto del aceite y freiremos los pescados ya preparados y las cigalas. Luego, añadiremos el frito de la cazuela y rehogaremos el arroz durante 10 minutos. A continuación mezclaremos el arroz y echaremos el agua hirviendo, sazonando con sal y pimienta y agregando también los guisantes, los pimientos cortados a trozos y las almejas o mejillones cocidos, y quitada la media cáscara vacía. Majaremos en el mortero los ajos fritos anteriormente, añadiendo el que tenemos crudo, un poco de perejil y el azafrán ligeramente tostado. Coceremos unos 20 minutos más y, a la hora de servirlo, lo espolvorearemos con perejil fresco muy picado.

Arroz con conejo

(Arrós de conill)
Ingredientes:

500 gramos de arroz
500 gramos de conejo
1 1/2 decilitro de aceite
1 cebolla grande
1 cabeza de ajo
1 tomate fresco grande
2 alcachofas grande
1 cucharada sopera llena
de pimentón rojo
Perejil fresco
Canela en polvo
Sal
Agua

Prepararemos una cazuela, al fuego, con el aceite y, cuando esté caliente, echaremos la cebolla pelada y picada, el tomate y los ajos, también picados y el perejil trinchado. Rehogaremos un poco y añadiremos el conejo cortado a trozos; taparemos la cazuela, dejando que todo se dore lentamente.

Pasados unos minutos añadiremos las alcachofas peladas y cortadas en cuatro partes, un poco de canela y el pimentón.

En cuanto haya adquirido el conjunto un color dorado, agregaremos el agua (doble cantidad que de arroz), sazonaremos con sal y dejaremos que rompa el hervor, añadiendo en ese momento el arroz, que cocerá a fuego lento hasta que esté en su punto (20 o 25 minutos).

Lo serviremos en el misma cazuela de cocción.

Arroz del Ampurdán

(Arrós de l´Empordá)
Ingredientes:

1/2 kilo de arroz
1 langosta pequeña
1/2 pollo
1/4 kilo de tomates frescos
100 gramos de tocino
3 dientes de ajo
1/2 cebolla mediana
1 pimiento morrón fresco
1 cucharada sopera llena
de pimentón rojo
Perejil fresco
1/4 litro de aceite
Sal y agua

En una cazuela, a ser posible de hierro,

Canelones a la catalana *(página 104)*

(paella -hay quien dice paellera- es a la cazuela plana de hierro con dos asas típica de la región de Levante y Cataluña, donde se cocina el arroz) de las empleadas en la alta Cataluña, al fuego, echaremos el aceite, y freiremos en ella el tocino cortado a dados; ya dorado, le añadiremos el pollo cortado a trozos y lo freiremos bien; una vez hecho, lo retiraremos a un plato y reservaremos. Agregaremos entonces la langosta viva, la freiremos unos minutos por ambos lados a fuego vivo, y la retiraremos también.

Cortaremos la cola en seis trozos; la cabeza y las patas las pondremos a cocer en unos dos litros de agua con la cebolla, sal y perejil, dejándolo en el fuego durante una hora.

En la cazuela, ya empleada, y que tendrá aceite, freiremos los tomates pelados, limpios y partidos a trozos. Majaremos los ajos en el mortero con un poco de perejil y lo echaremos al tomate. Incorporaremos a la cazuela, que estará al fuego, el pollo y los trozos de la langosta, así como el pimentón y el arroz, rehogándolo todo y cubriéndolo con un litro abundante del caldo de cocer los desperdicios de la langosta. Rectificaremos de sal y lo dejaremos cocer veinte minutos, primero a fuego más bien vivo, después a fuego más lento.

Asaremos el pimiento, lo pelaremos, lo cortaremos a trozos y adornaremos con ellos el arroz al tiempo de servirlo a la mesa.

Arroz Parellada

(Arrós Parellada)
Ingredientes:

400 gramos de arroz de clase extra

1/4 litro de buen caldo de
pollo o de carne

800 gramos de pollo

400 gramos de conejo

200 gramos de carne de cerdo
sin hueso ni grasa

6 mejillones

12 almejas

12 gambas

150 gramos de calamares

1 sobre de azafrán en hebra

1 cebolla mediana

50 gramos de tomates frescos

2 huevos duros

Sal

100 gramos de guisantes cocidos

1 pimiento morrón de
lata cortado a tiras

3 cucharadas de aceite

Lo fundamental de este arroz consiste en que todos sus componentes deben estar libres huesos, de espinas o de cáscaras.

Comenzaremos por freír el pollo y el conejo y, una vez hechos, los apartaremos y cuando estén fríos les quitaremos la piel y los huesos, cortando la carne a trozos; freiremos la carne de cerdo; herviremos los mejillones y tiraremos sus cáscaras, con las almejas haremos otro tanto; las gambas quedarán muy ricas a la plancha y sin la piel (aprovechamos sólo sus colas).

Prepararemos la paella, al fuego, con aceite, picaremos la cebolla y el tomate, éste sin piel, y formaremos el sofrito al que añadiremos todo lo anterior más los guisantes y los calamares cortados a ruedas. Después incorporaremos el caldo y así que rompa a hervir, el arroz, la sal y el azafrán.

Dejaremos que cueza unos 10 minutos y en ese punto lo adornaremos con los huevos duros cortados a discos y con tiras de pimiento morrón, terminando su cocción pasados otros 10 minutos.

Esta riquísima paella debe servirse recién hecha y muy caliente.

Canelones
a la barcelonesa
(Canelons a la barcelonina)
Ingredientes:

16 canelones
2 tazas llenas de salsa bechamel
(Para hacerla consultar
Capítulo SALSAS)
2 cucharadas soperas llenas de aceite
200 gramos de mantequilla
150 gramos de cebolla trinchada
100 gramos de higadillos de ave
50 gramos de jamón
1 copa de licor llena de jerez
Perejil fresco picado
Sal
Pimienta blanca en polvo
100 gramos de salsa de tomate
(Para hacerla consultar
Capítulo SALSAS)
100 gramos de miga de pan
1 yema cruda
100 gramos de queso rallado
4 cucharadas de foie-gras
Agua

En una cacerola, al fuego, con agua hirviendo, sal y el aceite, coceremos los canelones un cuarto de hora. Una vez retirados, los extenderemos sobre un lienzo blanco sin que se toquen unos con otros.

En una sartén, con parte de la mantequilla, freiremos el lomo de cerdo, la cebo-

103

lla, higadillos de ave, así como el jamón, todo previamente trinchado. Añadiremos luego la copa de jerez, perejil picado, sal y pimienta, así como el tomate y la miga de pan. Siempre removiendo, añadiremos la yema batida y un trozo de mantequilla, lo pasaremos por la máquina de trinchar para obtener un relleno, al que adicionaremos el foie-gras. Untaremos una fuente con mantequilla tras haber dispuesto en el fondo una capa de salsa bechamel. Colocaremos los canelones rellenos con la farsa y enrollados. Los cubriremos con el resto de salsa bechamel, los rociaremos con un poco de mantequilla fundida y lo espolvorearemos con el queso antes de meterlos al horno para que se doren.

Canelones a la catalana

(Canelons a la catalana)
Ingredientes:

16 canelones

2 cucharadas soperas llenas
de manteca de cerdo

250 gramos de carne de cerdo picada

4 hígados de gallina o de pollo

1 tacita de café llena de puré de tomate

2 cucharadas soperas llenas de harina

20 gramos de queso rallado

1 cebolla mediana

1 sesada de cerdo

1 copa de licor llena de jerez

1 pechuga grande de gallina

1/2 litro de leche

50 gramos de mantequilla

50 gramos de jamón

Sal y agua

1 cucharada sopera llena de aceite

Coceremos los canelones en una cazuela honda, al fuego, con abundante agua con sal y el aceite, procurando que no se peguen y manteniéndolos en su cocción unos 10 o 12 minutos.

Una vez cocidos, los retiraremos uno a uno del agua dejándolos sobre un trapo limpio para que se enfríen.

En una sartén grande, al fuego, con la manteca de cerdo, freiremos la cebolla pelada y finamente picada y, cuando comience a tomar color, le añadiremos la carne picada, la pechuga deshuesada y picada muy menuda, el jerez y los hígados limpios y picados. Coceremos la sesada en agua y sal y la añadiremos cortada a trozos. Freiremos todo bien y lo aplastaremos con el tenedor para que quede como una pasta con la cual rellenaremos, uno a uno, los canelones enrollándolos en forma alargada.

Con parte de la mantequilla, la harina y la leche se prepara una salsa bechamel. Pondremos una capa de la salsa sobre una fuente de horno untada con mantequilla y colocaremos sobre ella los canelones rellenos, cubriendo con el resto de la salsa bechamel. Adornaremos con un cordón de puré de tomate, el jamón partido a tiras, las trufas picadas y espolvorearemos con el queso rallado metiendo la fuente en el horno hasta que quede dorado. Los serviremos en la misma fuente.

Canelones
con langostinos

(Canelons amb llagostins)
Ingredientes:

16 canelones
200 gramos de langostinos
2 huevos crudos
1/4 de litro de leche
150 gramos de harina
1 taza de desayuno llena de cerveza
Nuez moscada
Pimienta blanca en polvo
Agua y sal
8 cucharadas soperas llenas de aceite
4 cucharadas soperas llenas de manteca de cerdo

Herviremos los canelones en una cazuela plana, con agua, sal y un poco de aceite para que no se peguen, durante 12 minutos. Con precaución, y utilizando una pala colador, retiraremos los canelones de la cazuela, los introduciremos en una vasija con agua fría y los colocaremos, rápidamente, encima de un trapo para escurrir el agua.

Haremos una salsa blanca, espesa, con la leche, 2 cucharadas de harina, 2 cucharadas de manteca, pimienta, sal y un poco de la nuez moscada rallada.

Freiremos los langostinos con un poco de manteca, sal y una cucharada de agua. La salsa que queda después de freírlos la echaremos en la salsa blanca, junto con un huevo (clara y yema) y los langostinos pelados y cortados en trozos; los mantendremos 5 minutos al fuego, revolviéndolos constantemente. Rellenaremos con esta farsa los canelones, que envolveremos bien. Pondremos en un cazo el otro huevo, sal, pimienta, nuez moscada, el resto de la harina, 2 cucharadas de manteca derretida, la cerveza y una tacita de agua, trabajando todo junto en frío; rebozaremos los canelones con esta pasta y los freiremos en el resto del aceite muy caliente.

Fideos a la catalana

(Fideus a la catalana)
Ingredientes:

400 gramos de fideos de la cazuela
200 gramos de salchichas
1 cebolla pequeña
250 gramos de tomate fresco
100 gramos de tocino con hebra
1 diente de ajo
10 avellanas tostadas
25 gramos de piñones
1/2 cucharadita de café llena de pimentón rojo
3 hebras de azafrán
2 cucharadas soperas llenas de queso rallado
Sal
1 litro o algo más de caldo de carne
Sal
Perejil fresco

Dispondremos en una cazuela, al fuego, el tocino cortado en trozos y lo rehogaremos hasta que tome un color dorado; entonces, agregaremos la cebolla pelada y picada, dejando que se fría lentamente hasta que adquiera color. Añadiremos el ajo picado, el tomate escaldado y picado, sin piel ni pepitas, y el pimentón. Formaremos un sofrito al que agregaremos un litro o más de caldo y las salchichas cortadas a trozos, dejando que hierva durante 5 o 6 minutos. Pasado este tiempo, echaremos los fideos partidos en trozos y sazonaremos con sal.

En un mortero, majaremos las avellanas, los piñones, el azafrán y un poco de perejil; hecho una pasta, lo desleiremos con un poco de caldo de los fideos, y lo echaremos sobre los fideos, que hervirán unos 15 minutos a fuego lento. Los serviremos en una fuente cubiertos con el queso rallado.

Fideos a la cazuela

(Fideus a la cassola)
Ingredientes:

400 gramos de fideos para hacer a la cazuela (Los fideos, guisados de una forma o de otra, son muy típicos en toda la región catalana y se compran ya una clase especial, cortada, que se llaman: «fideos para hacer a la cazuela»)
200 gramos de costilla de cerdo
150 gramos de salchichas
100 gramos de butifarra blanca
200 gramos de tomates frescos
1 cebolla mediana
1 diente de ajo
Perejil fresco
Pimienta blanca en polvo
1 papeleta de azafrán hebra
6 avellanas tostadas
4 cucharadas soperas llenas de queso rallado
Sal
Agua
3 cucharadas soperas llenas de manteca de cerdo

Arroz del Ampurdán *(página 100)*

En una cazuela de barro al fuego rehogaremos, con la manteca de cerdo, la costilla cortada a trozos pequeños; cuando esté dorada le agregaremos un majado compuesto por la cebolla y el ajo, echaremos después los tomates pelados y picados, las salchichas partidas por la mitad y la butifarra cortada a rodajas; cubriremos todo con un litro de agua.

Así que rompa a hervir, incorporaremos los fideos y sazonaremos todo con sal, pimienta, el azafrán y un poco de perejil fresco muy picado. Cuando hayan cocido unos 20 minutos, les agregaremos una picada hecha con las avellanas tostadas (hay quien le pone también canela en polvo).

Pasados unos minutos más de cocción retiraremos la cazuela del fuego. Serviremos los fideos espolvoreados con el queso rallado.

Fideos con almejas a la Costa Brava

(Fiudeus amb cloisses a la Costa Brava)
Ingredientes:

400 gramos de fideos de la cazuela

24 almejas gordas

1/2 kilo de besugo

1/2 kilo de calamares

6 gambas

6 patatas pequeñas

4 dientes de ajo

1/2 kilo de rape

1/2 kilo de lubina

6 cigalas

1 cebolla mediana

1 sobre de azafrán hebra

4 cucharadas soperas llenas de aceite

Sal y agua

1 taza de desayuno llena de salsa alioli
(Para hacerla consultar
Capítulo SALSAS)

En una olla grande, al fuego, pondremos a cocer, con abundante agua, los pescados limpios y cortados en trozos.

Pasados quince minutos, agregaremos los mariscos, las patatas peladas y enteras, y la cebolla también pelada y entera.

Majaremos en el mortero dos de los dientes de ajo y el azafrán tostado y lo desleiremos con un poco de agua; lo echaremos sobre los pescados, que seguirán cociendo unos 5 minutos más, y sazonaremos con sal.

En una cazuela de barro amplia echaremos el aceite; así que esté caliente, añadiremos los fideos y el resto de los ajos picados, friéndolos hasta que adquieran color rubio (muy tostado); entonces adicionaremos el caldo de cocer los pescados y mariscos bien colado, dejándolos al fuego unos 5 minutos y rectificando de sal. Los terminaremos de cocer en el horno un cuarto de hora más, y los serviremos en la misma cazuela de cocción.

Después de comer los fideos, presentaremos los pescados y mariscos en una fuente acompañados de la salsa alioli.

Fideos con majado

(Fideus amb picada)
Ingredientes:

1/2 kilo de fideos a la cazuela
1/4 kilo de costilla fresca de cerdo
1/4 kilo de tomates
1 cebolla mediana
15 gramos de piñones
12 almendras tostadas
1/2 cucharadita de café de pimentón rojo dulce
50 gramos de queso rallado
125 gramos de salchichas
100 gramos de tocino
1 diente de ajo
1 papeleta de azafrán en hebra
Perejil fresco
1 taza de desayuno llena de aceite
Sal
Agua o mejor caldo de carne

En una cazuela de barro, al fuego, con el aceite caliente freiremos el tocino cortado a trozos y la costilla partida en pedazos, lo rehogaremos bien y, cuando haya tomado color, le agregaremos la cebolla pelada y picada, lo dejaremos freír lentamente y, cuando esté ya hecha, adicionaremos el tomate sin piel y picado, asi como el pimentón. Que se haga unos 5 minutos más. Echaremos ahora litro y medio de agua o caldo, y las salchichas cortadas a trozos, dejándolo hacer otros cinco minutos y añadiendo los fideos. Sazonaremos con sal.

Majaremos en el mortero las almendras y los piñones, el ajo, un poco de perejil y el azafrán; ya convertido en pasta, lo desleiremos con un poco del caldo de los fideos, vertiéndolo sobre ellos y dejándolos hervir unos 20 minutos muy despacio. Pasado este tiempo, los espolvorearemos con el queso rallado y los serviremos a la mesa en la misma cazuela.

Macarrones con hígado y champiñones

(Macarons amb fetge i xampinyons)
Ingredientes:

350 gramos de macarrones
150 gramos de champiñones
4 hígados de pollo
1 cebolla mediana
50 gramos de mantequilla
1/2 hoja de laurel
100 gramos de carne de cerdo
50 gramos de tocino
50 gramos de queso rallado
Sal
1 bote de tomate frito de 400 gramos de peso, más o menos

En una cazuela al fuego echaremos el tocino picado y, cuando haya soltado la grasa, freiremos en ella la cebolla pelada y partida así como la carne y los hígados (también picados), y lo dejaremos hacer en el fuego durante 10 minutos; pasado dicho tiempo le agregaremos los champiñones limpios. Daremos a todo una vuelta, incor-

porando la salsa de tomate, el laurel y sal. Que se haga en el fuego, muy suavemente, durante 1/2 hora.

Coceremos en abundante agua hirviendo con sal los macarrones, que escurriremos. Pondremos la mitad en una fuente honda de horno y los cubriremos con la mitad del guiso de carne y salsa, los espolvorearemos con queso rallado y pondremos encima la otra mitad de los macarrones, cubriéndolos con queso rallado y con la mantequilla en pequeñas porciones. Los meteremos al horno, que estará fuerte, a que se doren. Los serviremos en el mismo recipiente en que los hemos hecho.

Macarrones con salchichas de cerdo o butifarras

(Macarrons amb botifarra)
Ingredientes:

350 gramos de macarrones
1 taza de desayuno llena de tomate frito
1 pimiento fresco verde
100 gramos de queso rallado
300 gramos de salchichas o butifarras
1/2 decilitro de aceite
Agua
Sal

Partiremos los macarrones en trozos pequeños (si no lo están) y los coceremos en un puchero con abundante agua y sal. Una vez cocidos, los escurriremos y pasaremos por agua fría. Los reservaremos.

Picaremos el pimiento, cortaremos las salchichas o butifarras a trozos y freiremos todo, unos 2 minutos, en el aceite que estará en una sartén al fuego.

Uniremos los macarrones escurridos con la salsa de tomate y el queso rallado, los mezclaremos con las salchichas o butifarras y dispondremos todo en una fuente de horno, que introduciremos en el horno, más bien fuerte, pero vigilando que no se tuesten demasiado.

Tallarines con pollo

(Tallarines amb pollastre)
Ingredientes:

1 paquete de tallarines
(500 gramos más o menos)
2 dientes de ajo
1 pimiento fresco, rojo o verde
1 pollo pequeño (800 gramos de peso)
1 cebolla mediana
1/4 kilo de tomates frescos
1 vasito de vino lleno de vino tinto
1 taza de desayuno llena de aceite
Sal
Agua

Partiremos el pollo, ya limpio, a trozos pequeños y lo adobaremos con sal y los dientes de ajo picados. Pondremos en una cazuela, al fuego, el aceite y doraremos en ella el pollo, después le añadiremos la cebolla pelada y muy picada y el pimiento cortado a trozos, así como los tomates pelados, limpios y partidos. Los dejaremos hacer poco a poco añadiéndole el vino.

Permanecerá en el fuego hasta que esté en su punto.

Coceremos los tallarines en abundante agua hirviendo con sal, unos diez minutos, y, una vez cocidos, los escurriremos. Presentaremos el pollo y los tallarines en una fuente cubiertos con toda su salsa y muy calientes.

Huevos

Tortilla a la catalana *(página 120)*

Huevos a la barcelonesa

(Ous a la barcelonina)
Ingredientes:

4 huevos
4 rebanadas de pan de molde
1 lata de gramos de foie-gras
50 gramos de mantequilla
1 cucharada sopera llena de harina
Sal
1/4 litro de leche
50 gramos de salsa espesa de tomate
200 gramos de patatas paja
4 salchichas asadas a la plancha
Agua

Coceremos los huevos al gusto deseado (más o menos duros) y, una vez pelados y sin partirlos, los pondremos encima del pan tostado y cubierto con una capa de foie-gras. Los cubriremos con una salsa bechamel hecha con la mantequilla, la harina, sal y la leche y les añadiremos la salsa de tomate. Los serviremos en una fuente, acompañados de las patatas paja y de las salchichas.

Advertencia: Podemos utilizar pan corriente en vez de pan de molde, mejor si es del día anterior y sin corteza.

Huevos a la Bellavista

(Ous a la Bellavista)
Ingredientes:

8 huevos
4 tomates pequeños
400 gramos de puré de patatas
(Puede ser puré del que venden
de patata seca o deshidratada)
20 gramos de pastas de anchoas
Perejil fresco
500 gramos de espinacas
75 gramos de mantequilla
8 rebanadas de pan
Sal
Agua

Haremos un puré de patatas bien condimentado y lo colocaremos en forma de cúpula en el centro de un plato redondo. Coceremos los huevos y los pelaremos y cortaremos en dos partes, a lo largo. Haremos una pasta con las yemas, a las que la pasta de anchoas, un poco de mantequilla, otro poco de perejil picado muy fino y sal.

Coceremos las espinas y las pasaremos por la sartén, con el resto de la mantequilla. Tostaremos el pan y pondremos, alrededor de cada rebanada, una corona de espinacas y, en el centro, colocaremos medio huevo relleno con la pasta hecha anteriormente.

Adornaremos finalmente el plato con los tomates pequeños gratinados en el horno.

Huevos a la catalana

(Ous al plat a la catalana)
Ingredientes:

8 huevos crudos

2 cucharadas soperas llenas
de mantequilla

16 rodajas de butifarra blanca o negra

3/4 kilo de tomate fresco

1/2 cebolla picada

2 cucharadas soperas llenas de aceite

Sal fina

Con el tomate pelado y picado, la cebolla y el aceite, prepararemos una salsa muy concentrada que pasaremos por un colador o chino.

Repartiremos la mantequilla en 4 platos individuales de horno así como la salsa de tomate, que pondremos sobre el fuego durante 4 o 5 minutos; los apartaremos a un lado e iremos cascando dos huevos en cada plato sobre el tomate, añadiendo a cada uno dos rodajas de butifarra y metiéndolos en el horno hasta que veamos que la clara está cuajada y la yema blanda.

Los serviremos calientes en el mismo plato. La sal se echará en la mesa.

Huevos con anchoas

(Ous amb anxoves)
Ingredientes:

8 huevos

300 gramos de anchoas saladas
o en salmuera

3 cucharadas soperas llenas
de mantequilla o margarina

Lavaremos las anchoas, un poco, en agua corriente fría y cubriremos con sus tiras (sin espinas, naturalmente) una fuente que, previamente, habremos untado con la mantequilla o la margarina. Cascaremos los huevos y meteremos la fuente al horno para que la clara cuaje. La yema debe quedar blanda.

Esta receta de huevos no precisa sal.

Huevos con butifarra

(Ous amb botifarra)
Ingredientes:

8 huevos

300 gramos de butifarras

2 cucharadas soperas llenas de aceite

Sal

Pimienta blanca en polvo

2 cucharas soperas llenas de perejil
fresco picado

Quitaremos el pellejo a las butifarras y las doraremos en una sartén al fuego con el aceite. Romperemos los huevos y los echaremos encima, teniendo cuidado de que las yemas queden enteras. Sazonaremos con sal y pimienta y dejaremos la sartén al fuego hasta que la clara esté completamente cuajada.

Los serviremos calientes y, antes de servirlos, los espolvorearemos con el perejil picado.

Huevos con espinacas y pan

(Ous amb pa i espinacs)
Ingredientes:

4 huevos

4 rebanadas de pan de molde

(O pan corriente tostado o

frito en mantequilla)

300 gramos de espinacas

100 gramos de mantequilla

100 gramos de queso manchego rallado

Sal

50 gramos de salsa de tomate

Agua

Una vez limpias, coceremos las espinacas en agua con sal. Ya hechas y escurridas, las picaremos y colocaremos en una sartén, junto con el queso y la mantequilla. Cuando hayamos obtenido una crema, haremos con ella una corona alrededor de las rebanadas de pan que estarán en una fuente de horno y, encima de éstas, romperemos los huevos.

Meteremos la fuente al horno durante 10 minutos para que se doren las rebanadas de pan y se cuajen los huevos.

Los serviremos en el acto y guarnecidos con la salsa de tomate.

Huevos revueltos con carne de butifarras crudas

(Ous remenats amb carn de botifarra crua)
Ingredientes:

6 huevos

300 gramos de butifarra cruda

5 cucharadas soperas llenas de aceite

2 pimientos morrones de lata

250 gramos de salsa de tomate

400 gramos de patatas crudas

Sal

2 cebollas medianas

Pondremos parte del aceite en una sartén, al fuego, y en él freiremos la carne de las butifarras, cortadas éstas a trozos; cuando están fritos las retiraremos en un plato.

En el mismo aceite rehogaremos las cebollas peladas y trinchadas; en cuanto tomen color, echaremos los pimientos cortados a trozos pequeños y la carne de butifarras que habíamos reservado, así como la salsa de tomate. Uniremos todo perfectamente, lo pondremos en una cazuela de barro y lo dejaremos hervir unos 5 minutos, agregando a continuación los huevos batidos. Moveremos con la cuchara de madera y echaremos sal (el revuelto debe quedar jugoso). Pelaremos y cortaremos las patatas alargadas y las freiremos, con sal, en el resto del aceite.

Serviremos el revuelto de huevos con carne de butifarra recién hecho y con él presentaremos las patatas fritas.

Huevos revueltos con tomate

(Ous remenats amb tomaquet)
Ingredientes:

6 huevos

1/2 kilo de tomates frescos que estén maduros

3 cucharadas soperas llenas de aceite

1 pimiento morrón de lata

50 gramos de aceitunas verdes sin hueso

Agua

Sal

En una cacerola al fuego, pondremos una taza de agua y el aceite; cuando rompa el hervor, añadiremos el tomate pelado y picado y sal. Lo dejaremos hacer bastante rato y, cuando esté espeso, le echaremos los huevos batidos, revolviendo bien para que se cuajen. Una vez hecho lo verteremos en una fuente, y colocaremos por la superficie el pimiento cortado a tiras y las aceitunas picadas.

Huevos revueltos con trufas

(Ous remenats amb tòfones)
Ingredientes:

8 huevos

50 gramos de mantequilla (no margarina)

3 trufas

Sal fina

Comenzaremos por batir bien los huevos con la sal correspondiente.

Derretiremos al baño maría, colocada sobre el fuego en una cacerola, la mantequilla; cuando esté derretida, verteremos en ella los huevos batidos, a los que agregaremos las trufas picadas o cortadas en láminas, y con el batidor agitaremos fuertemente hasta que comience a espesar, teniendo cuidado de recoger de las paredes de la cacerola el huevo coagulado que se adhiera a ellas. La retiraremos del baño maría cuando el revuelto esté aún ligero, porque tiende a espesar aunque tardemos pocos minutos en servirlo.

Los huevos revueltos cuajados al baño maría tardan más en hacerse, pero son más ricos y jugosos.

Tortilla de payés *(página 121)*

Tortilla a la barcelonesa

(Truita a la barcelonina)
Ingredientes:

6 huevos
500 gramos de langostinos
3 cucharadas soperas llenas de aceite
Agua
Sal

Lavados los langostinos, procederemos a hervirlos en agua con sal. Ya cocidos los pelaremos y cortaremos las colas a lo largo.

Batiremos los huevos con sal y uniremos la carne de los langostinos a los huevos, echaremos aceite en una sartén al fuego y cuajaremos en ella la tortilla dándole forma alargada o plana. Con los caparazones de los langostinos podemos adornar la tortilla.

Tortilla a la catalana

(Truita a la catalana)
Ingredientes:

6 huevos
150 gramos de butifarra blanca
(Puede ser butifarra negra)
200 gramos de alubias secas
Sal
2 cucharadas soperas llenas de manteca de cerdo
1/2 cebolla pequeña
Agua
Un trozo de zanahoria

Puestas a remojo las alubias desde la víspera, las coceremos en agua (que las cubra) con la cebolla y el trozo de zanahoria pelado y sal; debemos procurar que queden muy tiernas. Una vez hechas, las escurriremos bien. En una sartén al fuego con la manteca freiremos la butifarra, partida en rodajas, junto con las alubias; le añadiremos los huevos batidos con un poco de sal y formaremos la tortilla plana que doraremos bien por ambos lados. La serviremos rápidamente a la mesa.

Tortilla de patatas

(Truita de patates)
Ingredientes:

6 huevos (pueden
aumentarse a 8 huevos)

1/2 kilo de patatas

1 cebolla mediana

1 taza de desayuno llena
de manteca de cerdo
(Puede sustituirse por
aceite de buena calidad)

Sal fina

Pelaremos y cortaremos las patatas en ruedas muy delgadas. En una sartén al fuego, con la manteca de cerdo, las freiremos, a fuego moderado, moviéndolas y picándolas con el filo de la espumadera, de modo que queden hechas una pasta. Cuando ya estén fritas, suprimiremos algo de grasa de la empleada, escurriendo bien las patatas con el colador.

Pelaremos y picaremos la cebolla y la freiremos, aparte, en la grasa. Una vez frita la uniremos a las patatas.

Batiremos bien los huevos, sazonándolos ligeramente y los verteremos sobre las patatas, procurando que queden bien empapadas. Cuajaremos la tortilla con un poco de aceite y cuando esté dorada por abajo, le daremos la vuelta, colocando un plato sobre ella y volcando la sartén; luego pondremos de nuevo la tortilla en ella hasta que quede bien hecha.

La tortilla podemos servirla recién hecha y caliente o bien fría.

También podemos añadirle un calabacín grande, bien picado y frito como las patatas, pero por separado (como la cebolla) en cuyo caso suprimiríamos un par de patatas para que la tortilla no salsa demasiado grande.

Tortilla de payés

(Truita de pagès)
Ingredientes:

8 huevos

200 gramos de setas frescas

80 gramos de tocino con algo de hebra

4 cucharadas soperas llenas de aceite

Perejil fresco

Pimienta blanca en polvo

Sal

Lavaremos las setas frescas en agua fría y las secaremos bien; después las cortaremos en trozos pequeños. Trocearemos el tocino a cuadros, lo freiremos en parte del aceite caliente y le agregaremos las setas y un poco de perejil muy picado, rehogando el conjunto, a fuego vivo, y escurriéndolo a un plato.

Batiremos los huevos, los sazonaremos con sal y pimienta y los incorporaremos a lo frito anteriormente. Echaremos el resto del aceite en una sartén y cuando esté caliente echaremos los huevos, cuajando la tortilla alargada, procurando que salga muy jugosa.

Torilla guisada

(Agafa-Sants)
Ingredientes:

2 huevos

2 cucharadas soperas llenas de
harina de muy buena calidad

1/2 cucharada sopera de aceite

Sal

1 cucharada sopera llena de
manteca de cerdo

1 tomate rojo maduro

1 diente de ajo

Perejil fresco

2 almendras tostadas

1 corteza de pan rallado

1 cucharada sopera llena
de guisantes cocidos o de lata

Haremos en una sartén al fuego una tor-tilla con los huevos batidos y la harina y, una vez bien cocida, la cortaremos en tro-zos. En una cazuela, al fuego, con la man-tequilla, rehogaremos el tomate pelado y picado y el diente de ajo, perejil y almen-dras tostadas, así como la corteza de pan rallado (todo picado) y le agregaremos los guisantes y dejaremos cocer todo incorpo-rando los trozos de tortilla y dejándolo, al fuego, 5 o 6 minutos.

Tortilla panadera

(Truia de forn)
Ingredientes:

8 huevos

1 pan de pagès (Pan campesino con
mucha miga y corteza dorada que se
vende en toda la región catalana)

80 gramos de mantequilla
(no margarina)

Sal fina

Desharemos con los dedos la miga de pan que será del día anterior. Pondremos una sartén al fuego con la mantequilla, y en ella freiremos, sin llegar a dorarla, toda la miga de pan. Batiremos los huevos y les echaremos sal. Uniremos los huevos con la miga de pan frita y formaremos la tortilla alargada o redonda. También podemos hacer dos tortillas en vez de una. La servi-remos recién hecha.

Pescado

Suquet de pescado (*página 160*)

Anchoas con ajos y aceite

(Anxoves amb alls i oli)
Ingredientes:

1 kilo de anchoas

Agua

Sal

Pimienta blanca en polvo

3 dientes de ajo

Perejil fresco

1 taza de desayuno llena de aceite fino

1 limón

Las anchoas serán muy frescas. Una vez lavadas y limpias, las coceremos en agua, que las cubra, con un poco de sal y pimienta. Una vez cocidas y escurridas les quitaremos la espina y haremos dos filetes alargados de cada una.

Picaremos los dientes de ajo, pelados, y perejil fresco y cubriremos las anchoas con ello, y el aceite (regado sobre las anchoas). Serviremos el pescado con el limón cortado a rodajas.

Anguila guisada

(Anguila xapada)
Ingredientes:

1 kilo de anguila seca

500 gramos de judías blancas secas

400 gramos de cebolla

1 kilo de tomates

80 gramos de avellanas tostadas

150 gramos de harina

2 vasos de vino, llenos de
vino blanco seco

Agua

5 dientes de ajo

Unas hebras de azafrán

La punta del cuchillo
de canela en polvo

1 hoja de laurel

Perejil fresco

Sal

1/2 litro de aceite

Las anguilas, lo mismo que las judías, las pondremos a remojo en día anterior. En el momento de preparar el plato, escurriremos bien las anguilas que secaremos con un paño (guardaremos el agua del remojo), las cortaremos a trozos les daremos sal, las pasaremos por la harina y las freiremos en abundante aceite (deben quedar ligeramente doradas). Una vez fritas las reservaremos.

Pondremos a cocer las judías, en abundante agua a la que añadiremos sal, el laurel y uno de los dientes de ajo. En una cazuela de barro, al fuego, con aceite freiremos la cebolla pelada y cortada muy fina; cuando comience a dorarse, le añadiremos el tomate pelado, sin pepitas y cortado a trozos, lo dejaremos freír y le añadiremos el vino; debe hacerse hasta que se reduzca a la mitad; después le adicionaremos las anguilas fritas y cubriremos todo con la mitad del agua del remojado de las anguilas previamente calentada; se deja cocer lentamente.

Prepararemos en un mortero un majado con el azafrán, el resto de los ajos, un poco de perejil, canela y las avellanas, hasta lograr una pasta que aclararemos con un poco del caldo de las anguilas. Añadiremos a la cazuela las judías, escurridas, así como el majado. Lo dejaremos cocer, lentamente, y lo serviremos en el misma cazuela, muy caliente.

Atún a la brasa

(Tonyina a la brasa)
Ingredientes:

400 gramos de atún cortado en 4 trozos gruesos
4 cucharadas soperas llenas de aceite
1 cucharada sopera llena de vinagre
Sal
1 ramita de tomillo
Perejil fresco
2 dientes de ajo
2 tomates maduros
Salsa alioli (Para hacerla consultar Capítulo SALSAS)
1 cucharada sopera llena de mostaza

Lavado el atún lo dispondremos en un plato hondo, echándole sal, el vinagre y una cucharada de aceite. En esta marinada estará 20 o 30 minutos.

Prepararemos la parrilla o plancha y asaremos en ella el atún, regándolo con el aceite. Majaremos en el mortero los tomates bien maduros y pelados con los dientes de ajo asados y un poco de perejil picado. Al servir el atún, pondremos encima de cada pedazo una cucharadita de esta salsa. Serviremos aparte la salsa alioli a la que habremos añadido la mostaza.

Atún estofado

(Tonyina estofada)
Ingredientes:

800 gramos de atún cortado a trozos gruesos
50 gramos de tocino
4 cebollas medianas
3 dientes de ajo
2 puerros
1 vaso de vino, lleno de vino blanco
1 pastilla de chocolate rallado
1/2 taza de desayuno de aceite
2 cucharadas de agua
1 cucharada sopera llena de pan rallado
Perejil fresco
Un poco de laurel
Sal
Pimienta blanca en polvo
Agua
Pan frito en triángulos

Pondremos en una cacerola, al fuego, el aceite y el tocino picado. Una vez derretido, añadiremos el atún y lo doraremos bien, echando el vino blanco, las cebollas y ajos, pelados y picados; sazonaremos con sal y pimienta dejándolo hacer, lentamente, durante 25 o 30 minutos y agregando agua según sea necesario.

Casi al final adicionaremos el pan rallado y el chocolate, también rallado.

Escurriremos la salsa que pasaremos por el colador chino y volveremos a añadirla al pescado con un poco de agua, si es que lo necesita.

Serviremos el atún adornado con los triángulos de pan frito.

Bacalao a la catalana

(Bacallà a la catalana)
Ingredientes:

800 gramos de bacalao seco
3 dientes de ajo
1/4 kilo de tomates frescos
50 gramos de piñones
1/2 kilo de patatas
Perejil fresco
50 gramos de almendras ligeramente tostadas
1 taza de desayuno llena de harina
1 decilitro de aceite
Sal, agua

El bacalao estará en remojo desde la víspera. Al día siguiente lo cortaremos en trozos que secaremos con un trapo, pasaremos por la harina y freiremos en una sartén al fuego con el aceite muy caliente hasta que se doren ligeramente; cuando hayan tomado color los retiraremos de la sartén y los reservaremos en un plato.

En el mismo aceite freiremos el tomate pelado y cortado a trozos; mientras se fríe, majaremos en el mortero los ajos con las almendras, los piñones y un poco de perejil, hasta conseguir una pasta que agregaremos al tomate; incorporaremos un poco de agua caliente y lo dejaremos cocer 15 minutos; después lo pasaremos por el pasapuré, lo echaremos a una cazuela de barro y le agregaremos las patatas peladas y cortadas a rodajas y un poco más de agua caliente. Así que las patatas estén cocidas y 15 minutos antes de servir el plato adicionaremos el bacalao, terminando la cocción a fuego lento sólo unos 5 o 7 minutos. Si vemos la salsa un poco espesa le añadiremos agua caliente. Dos o tres minutos antes de retirarlo lo probaremos de sal.

Bacalao a la «llauna»

(Bacallà a la llauna)
Ingredientes:

800 gramos de bacalao seco
1/4 kilo de tomates frescos
3 dientes de ajo
Perejil fresco
1 cucharada sopera llena de pimentón rojo dulce
1 vaso de vino lleno de vino rancio
1/4 litro de aceite
Sal

Remojado el bacalao 24 horas antes, lo partiremos en trozos, que escurriremos bien y freiremos en el aceite. Ya fritos los colocaremos en una «llauna» o cazuela de hierro.

En el aceite sobrante, freiremos dos de los dientes de ajo picados, el pimentón y el vasito de vino, y lo vertiremos sobre el bacalao. El tomate, hecho una salsa espesa con sal, lo uniremos poniendo a cucharadas sobre los trozos de bacalao.

Picaremos muy menudo el otro diente de ajo restante y perejil y con ello espolvorearemos el preparado, que meteremos al horno a tostar unos 10 o 15 minutos con calor moderado por arriba y por abajo.

Lo serviremos caliente en la misma «llauna». También podemos hacer este mismo bacalao de igual forma pero sin tomate.

Bacalao a la tortosina

(Bacallà a la tortosina)
Ingredientes:

800 gramos de bacalao seco
3 dientes de ajo
1 hoja de laurel
Pimienta blanca en polvo
1/2 guindilla
3 tomates frescos
2 tazas de desayuno llenas de aceite
Sal

En una cazuela de barro, al fuego, con el aceite rehogaremos el bacalao (remojado) cortado en trozos, los dientes de ajo sin pelar y chafados con la mano del mortero,

128

la hoja de laurel, un poco de pimienta, la guindilla («bicho» en catalán), sal, y los tomates sin piel ni semillas y picados.

Taparemos con un plato que contenga agua y dejaremos que cueza a fuego lento, removiéndolo de vez en cuando hasta que el tomate quede convertido en una salsa.

Bacalao al estilo Lérida

(Bacallà a l'estil de Lleída)
Ingredientes:

800 gramos de bacalao seco
100 gramos de pasas
2 manzanas ácidas
1 rebanada de pan frito
1 pastilla de hacer caldo
12 almendras tostadas
100 gramos de piñones
1 cebolla mediana
4 dientes de ajo
1/4 kilo de tomates frescos
1 taza de desayuno llena de harina
Pimienta blanca en polvo
1/4 litro de aceite
Sal
Agua

Remojado el bacalao y escurrido, lo partiremos a trozos regulares, los secaremos con un paño, los pasaremos por la harina y los freiremos en parte del aceite muy caliente; después de fritos los reservaremos.

Remojaremos las pasas durante 2 horas. Escaldaremos las manzanas unos 12 minutos en agua hirviendo, las dejaremos enfriar, las pelaremos, las dividiremos en cuatro trozos para quitarles el corazón, y después en cuadritos.

En una cazuela de barro, al fuego, con el resto del aceite rehogaremos la cebolla pelada y picada muy menuda, cuando comience a tomar color le agregaremos el tomate partido en trozos y limpio, y lo dejaremos en el fuego hasta que reduzca un poco. Incorporaremos entonces las pasas bien escurridas y los piñones, lo rehogaremos todo y, a continuación, adicionaremos un tazón de caldo preparado con la pastilla y agua muy caliente así como un poco de pimienta (cocerá 10 minutos).

Mientras lo cocemos, majaremos en el mortero el pan y las almendras con un poco de la salsa; después lo mezclaremos con la salsa, lo herviremos un poco más y lo pasaremos por un cedazo. Volveremos a ponerlo en la cazuela, añadiendo el bacalao y los cuadrados de manzana; dejaremos que se haga de nuevo en el fuego unos 10 minutos más. En el momento de retirar la cazuela del fuego comprobaremos la sal y espolvorearemos sobre ella los ajos muy picados, que se pueden suprimir en caso de que no gusten.

Serviremos el bacalao en la misma cazuela de cocción.

Bacalao con miel

(Bacallà amb mel)
Ingredientes:

8 trozos de bacalao remojado
(Se puede comprar el bacalao ya remojado y listo para su cocción)

1/4 litro de aceite

4 cucharadas soperas llenas de harina

1 taza de desayuno llena de miel

Agua

Freiremos el bacalao en parte del aceite y lo dejaremos escurrir. Haremos una pasta con la harina mezclada con la taza de miel y un poco de agua. Pondremos la sartén al fuego con un poco de aceite y, en cuanto esté muy caliente, mojaremos los trozos de bacalao con la pasta y los freiremos. Esta receta se dice que procede del Monasterio de Poblet.

Bacalao con patatas

(Bacallà amb patates)
Ingredientes:

750 gramos de bacalao ya remojado

1 taza de desayuno llena de harina

1 decilitro de aceite

4 dientes de ajo

400 gramos de patatas

2 vasos de agua llenos de agua

6 nueces

Un poco de guindilla

1/2 cucharada sopera de
pimentón rojo picante

Perejil fresco

Limpio el bacalao, lo cortaremos a trozos, lo secaremos con un paño limpio pasaremos ligeramente por la harina. En una cacerola con parte del aceite, bien caliente, freiremos el bacalao, retirándolo del fuego cuando empiece a tomar color dorado; en el mismo aceite freiremos los dientes de ajo que retiraremos cuando estén dorados (hay que procurar que no se quemen porque entonces amargarían el guiso). Freiremos en el resto del aceite las patatas mondadas y cortadas a dados (en la misma cacerola) y, al empezar a dorarse las patatas, agregaremos el bacalao y el agua; dejaremos hervir a fuego fuerte unos 10 minutos.

Majaremos en el mortero los dientes de ajo que anteriormente habíamos reservado, junto con un poco de perejil, las nueces peladas, la guindilla y el pimentón; incorporaremos el majado al guiso y lo dejaremos hacer 5 minutos a fuego suave.

Podemos añadir, si lo deseamos, dos huevos duros pelados y cortados a rodajas antes de servirlo a la mesa.

Bacalao con salsa de piñones

(Bacallà amb salsa de pinyons)
Ingredientes:

8 trozos de bacalao ya remojado

1 taza de desayuno llena de harina

3 huevos crudos

1 taza de desayuno llena de agua

1/4 litro de aceite

2 cebollas medianas

4 dientes de ajo

Perejil fresco

1 sobre de azafrán en hebra

Un poco de comino

Pimienta negra en polvo

50 gramos de piñones sin cáscara

Sal

1 hoja de laurel

Limpio el bacalao (que tenga las menos espinas posibles, sin deshacerlo) lo pasaremos por la harina y por los huevos batidos; lo freiremos en el aceite, puesto en una sartén, al fuego, y, a medida que esté frito, lo pasaremos a una cazuela.

En el aceite sobrante freiremos las cebollas peladas y cortadas y dos de los dientes de ajo. Aparte majaremos el resto de los dientes de ajo junto con el perejil, comino, pimienta, azafrán y los piñones.

Merluza asada a la plancha con salsa Romesco *(página 145)*

Uniremos la cebolla frita a esto y lo echaremos todo sobre el bacalao, al que agregaremos la hoja de laurel y el agua, dejándolo hervir a fuego lento 5 o 10 minutos.

Bacalao con samfaina

(Bacallà amb samfaina)
Ingredientes:

600 gramos de bacalao seco
1 cebolla gorda
1 kilo de tomates frescos
2 pimientos verdes
2 berenjenas medianas
50 gramos de harina
1 taza de desayuno llena de aceite
Sal

Tendremos el bacalao ya remojado y partido a trozos regulares; después de escurrirlo bien del agua, le quitaremos las espinas y la piel, sin deshacerlo, pasaremos los trozos por harina y lo freiremos en una sartén, al fuego, con el aceite muy caliente. Ya frito lo retiraremos a una fuente y lo reservaremos.

En la misma sartén, y en el aceite sobrante, freiremos la cebolla pelada y picada, el tomate pelado y limpio, también partido, la berenjena pelada y cortada a trocitos, lo mismo que los pimientos, asados ligeramente para quitarles la piel y cortados a tiras. Lo dejaremos hacer lentamente, lo sazonaremos con sal y, ya todo en su punto, lo pasaremos a una cazuela, añadiremos el bacalao, al que daremos unas vueltas para que tome el gusto, lo ca-

lentaremos de nuevo y lo serviremos caliente en una fuente de mesa.

Bacalao estofado

(Bacallà ofegat)
Ingredientes:

8 trozos de bacalao ya remojado
Aceite
1 cebolla mediana
1 cabeza de ajos
50 gramos de tocino con hebra
1/2 hoja de laurel
Sal
Agua

En una cazuela de barro, al fuego, con el aceite, freiremos la cebolla pelada y partida en cuatro trozos, la cabeza de ajos pelada, el tocino cortado a trocitos y la media hoja de laurel. Cuando esté un poco dorado, añadiremos los trozos de bacalao remojado, taparemos bien con un papel de estraza o de aluminio y pondremos encima un plato con agua. Removeremos de vez en cuando, dejándolo que cueza a fuego moderado 15 o 20 minutos. Probaremos para ver si precisa un poco de sal.

Besugo al horno

(Besuc al forn)

Ingredientes:

1 besugo gordo de 1200 gramos de
peso arreglado para hacer al horno
con cortes en su lomo

80 gramos de tocino con hebra

Sal fina

1 limón cortado a rodajas

4 tomates pequeños frescos

Perejil fresco

1 cebolla gorda

3 dientes de ajo

Pimienta negra en polvo

2 cucharadas soperas llenas
de manteca de cerdo

2 cucharadas soperas llenas de aceite

2 cucharadas soperas llenas
de vino blanco seco

2 cucharadas soperas llenas de agua

Prepararemos el besugo limpio y sin escamas, le daremos sal por dentro y por
fuera y lo dispondremos en una fuente de
horno (forn) alargada. En su lomo, y en los
cortes que tiene, pondremos trozos de
limón y trozos de tocino. Pelaremos la cebolla y la cortaremos a ruedas. Cortaremos
los tomates por su mitad ancha. Con
ambas cosas decoraremos el besugo al que
adicionaremos los dientes de ajo picados,
un poco de pimienta, la manteca, el aceite, el vino y el agua. Lo doraremos a
horno regular hasta su total cocción.

Besugo Gran Condal

(Besuc Gran Comtal)

Ingredientes:

1 besugo grande o 2 pequeños
(1500 gramos de peso)

4 dientes de ajo

1 vaso de agua, lleno de leche hervida

1 cebolla grande

1 docena de avellanas tostadas

Un poco de azafrán en hebra

Perejil fresco

Pimienta blanca en polvo

2 vasos de agua, llenos de aceite

Sal

Majaremos en el mortero los dientes de
ajo y la cebolla pelada y picada en unión de
las avellanas, previamente escaldadas, un
poco de perejil, azafrán, sal y pimienta.

Lo machacaremos bien hasta lograr una
pasta que desleiremos con un vaso de
aceite y el vaso de leche. (Podemos prepararlo en la batidora eléctrica).

Verteremos en una besuguera al fuego el
resto del aceite y, así que comience a estar
caliente, incorporaremos el besugo bien es-
camado, limpio y con sal y lo dejaremos
hacer, a fuego lento, durante 30 minutos si
son besugos pequeños, y algo más si es un
besugo grande. Lo serviremos en la misma
besuguera cubierto con la salsa preparada
anteriormente y muy caliente.

Calamares con tomate y cebolla

(Calamarsos amb tomàquet i ceba)

Ingredientes:

1 kilo de calamares

4 cebollas pequeñas

3 tomates

2 dientes de ajo

Perejil fresco

1 vaso de agua, lleno
de vino blanco seco

1 taza de desayuno llena de aceite

Sal

Pimienta blanca en polvo

Limpiaremos bien los calamares, cortándoles los tentáculos a trozos y lo restante en forma de anillo.

Pondremos una cazuela de barro a fuego vivo con el aceite, y cuando esté caliente, añadiremos los calamares, rehogándolos por espacio de 5 minutos. A continuación, agregaremos las cebollas peladas y picadas y seguiremos rehogando hasta que todo tome un color dorado; seguidamente incorporaremos los ajos y un poco de perejil (todo picado fino). Adicionaremos el vino blanco y los tomates, mondados y trinchados. Sazonaremos con sal y pimienta y lo dejaremos hacer tapado, durante 1 hora más o menos. Los serviremos en la misma cazuela de cocción.

Calamares rellenos estilo Tossa

(Calamars farcits a l'estil de Tossa)

Ingredientes:

1 kilo de calamares de tamaño mediano

100 gramos de lomo de cerdo

4 manzanas ácidas

100 gramos de almendras tostadas

3 cebollas medianas

2 trozos de chocolate duro

8 dientes de ajo

Perejil fresco

1 trozo de pan frito

6 cucharadas soperas llenas
de aceite de oliva

50 gramos de manteca de cerdo

Pimienta blanca en polvo

50 gramos de mantequilla

4 yemas de huevos crudos

1 vaso de agua lleno de Oporto

1/2 vaso de agua de vino tinto

1 galleta María

Agua

Al limpiar los calamares dejaremos sus bolsas enteras.

Pasaremos por la máquina las alas y patas de los calamares así como el lomo de cerdo. Las manzanas, peladas, las picaremos aparte. Rehogaremos en parte del aceite la carne y los calamares picados; una vez retirados del fuego, los mezclaremos inmediatamente con las manzanas picadas y las yemas de huevo. Añadiremos un poco de pimienta y la mitad del Oporto. Machacaremos la mitad de las almendras, el pan frito, dos de los dientes de ajo, la galleta, un trocito del chocolate y un poco de sal, y lo mezclaremos con lo anterior. Una vez hecha esta farsa, rellenaremos los calamares, no demasiado, y los pondremos a continuación en una cazuela de barro, con aceite, la manteca de cerdo y la cebolla pelada y cortada finamente.

Una vez se haya dorado lo suficiente, haremos la reducción con el resto del Oporto y el vino tinto, lo cubriremos con agua y añadiremos misma picada y cantidad que hemos puesto en el relleno de los calamares.

Antes de retirar los calamares del fuego, les añadiremos un poco de pimienta blanca y la mantequilla.

Tendremos preparadas previamente unas albóndigas de calamares picados, manzanas picadas y el majado, igual que el relleno de los calamares, los cuales habremos frito y las incorporaremos en la cazuela media hora antes de retirar los calamares del fuego.

Chicharro a la parrilla

(Verat a les graelles)
Ingredientes:

4 chicharros de ración
1 taza de desayuno de aceite fino de oliva
Sal fina
2 limones
1 trozo de corteza de tocino fresco
Perejil fresco
2 cucharadas soperas llenas de manteca de cerdo (si se desea)

Vaciaremos, enjuagaremos y cortaremos por el lomo los chicharros; los sazonaremos con sal y los rociaremos con aceite.

Pondremos la parrilla a la lumbre, la frotaremos con la corteza de tocino fresco y colocaremos encima los pescados uno al lado del otro. Los asaremos 15 o 20 minutos, dándoles vueltas y rociándolos con perejil picado, aceite y el zumo de los limones o bien rellenando las aberturas con la manteca de cerdo.

Congrio al estilo de Tarragona

(Congre a l'estil de Tarragona)
Ingredientes:

1 kilo de congrio

3 huevos duros

1 limón

3 dientes de ajo

1 taza de desayuno llena de salsa alioli

(Para hacerla consultar

Capítulo SALSAS)

300 grs. de tomates frescos

2 cebollas medianas

1 hoja de laurel

Perejil fresco

1 taza de desayuno llena de aceite

Cortaremos el congrio (será de la parte abierta) en 4 trozos, que pondremos en un recipiente, y los rociaremos con el jugo del limón y un chorrito de aceite. Partiremos la hoja de laurel en cuatro o cinco trozos y la echaremos sobre el pescado, dejando éste en maceración durante una hora.

Pelaremos y picaremos muy menudos las cebollas, los ajos y el perejil, poniéndolo en una cazuela al fuego con el resto del aceite, y dejaremos que se fría lentamente; pelaremos los tomates, les quitaremos las semillas y los agregaremos a la cazuela; echaremos sal y lo dejaremos hacer todo junto unos 20 minutos, pasados los cuales agregaremos los trozos de congrio. Dejaremos que todo junto se haga al fuego lento unos 25 minutos.

En el momento de retirarlo del fuego adicionaremos los huevos duros pelados y partidos en tres trozos cada uno, salpicando toda la fuente con la salsa alioli.

Congrio con perejil

(Congre amb julivert)
Ingredientes:

1 kilo de congrio

1 huevo crudo

2 tomates

1 cebolla

2 dientes de ajo

Perejil fresco

Pimiento negra en polvo

Sal

2 limones

1 taza de desayuno llena de aceite

1 vaso de agua, lleno de agua

1 yema de huevo, crudo

Cortaremos el congrio a trozos grandes, que sazonaremos con sal, bastante zumo de limon colado. En una cazuela de barro, al fuego, con parte del aceite haremos un sofrito con la cebolla pelada y muy trinchada, uno de los dientes de ajo y abundante perejil picado. Cuando esté dorado incorporaremos los tomates pelados , sin las pepitas y trinchados. Añadiremos seguidamente el agua. Cuando haya servido unos 15 minutos pondremos en la cazuela el congrio y un poco de pimienta. Aparte, con el otro diente de ajo, una yema de huevo y el resto de aceite, haremos una especie de salsa,

Lubina Costa Brava *(página 142)*

que incorporaremos al pescado unos 5 minutos antes de servirlo a la mesa.

Corvina dorada

(Corball daurat)
Ingredientes:

800 gramos de corball
25 gramos de mantequilla
1 copa de vino llena de vino rancio
1 yema de huevo crudo
1/2 cucharada sopera de harina
1 limón
1 cebolla mediana
Un poco de tomillo
1/2 hoja de laurel
Perejil fresco
Agua
Sal

Cortaremos el pescado a trozos, los lavaremos y los pondremos en una cazuela, al fuego, con la mantequilla. Cuando estén dorados, añadiremos el vino, la harina, la cebolla pelada y cortada a trozos, perejil picado, la hoja de laurel, un ramito de tomillo y agua. Dejaremos que hierva despacio.

Cuando el pescado esté hecho lo dispondremos en una fuente de servir y colaremos sobre el pescado la salsa que habremos ligado previamente con la yema de huevo y el zumo de limón colado.

Dentón al estilo mediterráneo

(Déntol a l'estil mediterrani)
Ingredientes:

1 dentón entero de
1 1/2 kilo de peso
1 cebolla mediana
1 limón
1/2 kilo de patatas
2 tomates medianos
2 dientes de ajo
Perejil fresco
1 taza de desayuno llena de aceite
Sal

Escamaremos y vaciaremos el pescado, dejándolo entero, le echaremos uno de los dientes de ajo picado y perejil (también picado) y lo reservaremos.

Pelaremos las patatas y las partiremos en rodajas gruesas; en una fuente de horno o besuguera, untada con un poco de aceite, pondremos la cebolla pelada y cortada a rodajas, y sobre ella el pescado, que rociaremos con el zumo colado de medio limón, lo rodearemos con las patatas y los tomates también partidos en rodajas, espolvorearemos con sal y lo regaremos con el resto del aceite; lo meteremos al horno, con calor moderado, para que la cocción sea lenta, por espacio de unas 2 horas.

Lo serviremos caliente, en la misma fuente, adornado con perejil picado y trozos del resto del limón.

Dorada frita

(Orada fregida)
Ingredientes:

1 dorada de 1 kilo de peso
cortada en rodajas

1 taza de desayuno llena
de harina de maíz

Sal

1/4 de litro o más de aceite fino

Limpiaremos el pescado, le echaremos la sal y lo pasaremos por la harina de maíz. Lo freiremos en abundante aceite caliente hasta que tenga un bonito color dorado.

Serviremos la dorada recién frita y muy caliente.

Empedrada ampurdanesa

(Empedrat empordanés)
Ingredientes:

200 gramos de bacalao seco

1 kilo de tomates verdes

2 cebollas medianas

250 gramos de judías blancas secas

3 huevos duros

6 cebolletas tiernas

100 gramos de pimientos en vinagre

2 cucharadas soperas llenas
de perejil fresco

1/4 de litro de aceite

Pimienta blanca en polvo

1/2 cucharada sopera de vinagre

Agua

Sal

Desharemos a tiras el bacalao y lo pondremos en remojo durante 3 o 4 horas. Cortaremos los tomates en forma de diente de ajo y las cebollas a trozos alargados. Coceremos las judías en agua y sal. Escurriremos el bacalao del agua y lo uniremos a los trozos de tomate, las cebollas, las judías (ya cocidas y escurridas), el aceite, y lo condimentaremos con pimienta y vinagre. Una vez hecha esta operación pondremos todo en una cazuela de barro y encima colocaremos los pimientos en vinagre cortados a trocitos, las cebolletas tiernas, cortadas en cuatro trozos, y los huevos duros pelados y cortados. Cubriremos la «empedrada» con el perejil picado.

Filetes de lenguado con champiñones

(Filetes de Llenguado amb xampinyons)
Ingredientes:

800 gramos de filetes de lenguado

200 gramos de de champiñones de lata

1 limón

Canela en polvo

Sal

2 cucharadas soperas llenas de coñac

2 cucharadas soperas llenas de jerez seco

1/2 lechuga

1 vasito de vino, lleno de vino blanco seco

100 gramos de mantequilla

1 cucharada sopera llena de harina

1/4 litro de leche

1 yema de huevo crudo

1 trufa de lata

Pan frito

Después de lavados los filetes, los sazonaremos con sal, zumo de limón y un poco de canela en polvo. En una placa de horno fundiremos parte de la mantequilla, colocaremos los filetes y extenderemos por encima una capa de champiñones cortados a discos pequeños y delgados; verteremos el vino blanco (de buena calidad), el jerez y el coñac, dejándolos hacer, a horno moderado, unos 20 o 25 minutos.

Aparte, prepararemos una salsa bechamel que haremos con la cucharada sopera de harina y el cuarto de litro de leche; pondremos en una sartén el resto de la mantequilla, cuando esté fundida rehogaremos la harina, agregaremos la leche (que estará caliente) y removeremos continuamente para evitar que se formen grumos; lo dejaremos hervir unos 5 minutos, poco más o menos, hasta conseguir que quede una salsa algo espesa, a la que agregaremos sal.

Retirada del fuego, la dejaremos enfriar un poco, le añadiremos la yema de huevo batido, mezclaremos bien y cubriremos con ella el pescado, espolvorearemos la trufa picada muy fina y lo dejaremos en el horno unos 5 o 10 minutos más según la fuerza que tenga.

En el momento de servir los filetes les adicionaremos unas cortezas o triángulos de pan frito, alternándolos con las hojas más blancas de la lechuga.

Filetes de pescadilla Condal

(Filets de Llucet comtal)

Ingredientes:

800 gramos de pescadilla

50 gramos de mantequilla

12 mejillones

1 vaso de agua lleno de vino blanco

2 cucharadas soperas llenas
de puré de tomate

Harina

1 limón

Sal

Pimienta blanca en polvo

Agua

Una vez limpias las pescadillas, las haremos filetes sin espinas, pero dejando la piel, y les echaremos sal. Untaremos una fuente de horno (que se puede llevar a la mesa) con la mantequilla, y dispondremos en ella los filetes, añadiendo el vino, el zumo del limón colado, pimienta y el puré de tomate. Introducir la fuente en el horno.

Limpiaremos y rasparemos los mejillones hirviéndolos en agua y retirando las cáscaras; echaremos los mejillones junto con los filetes de pescadilla.

Serviremos los filetes calientes y en el mismo recipiente de cocción.

Japuta en salsa

(Castanyola amb salsa)

Ingredientes:

1 japuta de 1 kilo de peso

1 cebolla gorda o 2 más pequeñas

1 lata de tomate frito

50 gramos de margarina

4 cucharadas soperas llenas de harina

Unas ramitas de tomillo

1 hoja de laurel

Unas ramitas de perejil fresco

1 vaso de agua lleno de vino tinto

1 taza de desayuno llena de aceite

Sal, agua

Pelaremos y trincharemos las cebollas y el perejil, y freiremos ambos en la margarina puesta al fuego en una sartén; cuando esté dorada la cebolla, añadiremos la mitad de la harina, removeremos, echaremos el vino y un poco de agua y lo dejaremos que se espese un poco, sazonándolo con sal.

Limpio el pescado y cortado a trozos con espina, los pasaremos por el resto de la harina y los freiremos en aceite muy caliente; ya fritos los colocaremos en una fuente y vertiremos la salsa colada por encima.

Podemos adornarla con pan frito.

Lenguado con almendras

(Llenguado amb ametlles)
Ingredientes:

4 lenguados de ración pelados y enteros

100 gramos de mantequilla

1 taza de desayuno llena
de nata líquida

80 gramos de almendras tostadas

Harina

Sal

Lavados los lenguados, los doraremos en un recipiente con la mantequilla, a fuego vivo, dándoles varias vueltas.

Bajaremos la intensidad del fuego y dejaremos que se hagan unos 20 minutos. Añadiremos las almendras peladas y cortadas a laminillas y, pasados unos minutos, agregaremos la nata.

Los dejaremos cocer unos 3 o 5 minutos y los serviremos a continuación.

Nota: En lugar de lenguados enteros podemos hacer esta receta con filetes de lenguado limpios de piel y espinas.

Lubina Costa Brava

(Llobaro Costa Brava)
Ingredientes:

1 lubina de 1 kilo de peso o
acaso algo más

1 limón grande

2 manojos de berros o 1 lechuga

50 gramos de mantequilla

1 vaso de agua, lleno de vino blanco
seco

1 taza de desayuno llena de salsa
catalana (Para hacerla consultar
Capítulo SALSAS)

Sal fina

Limpiaremos y escamaremos la lubina, dejándola entera; la sazonaremos con sal fina y la colocaremos en una besuguera o fuente de horno junto con la mantequilla a trozos. La rociaremos con el zumo del limón colado y con el vino, y la meteremos al horno por espacio de unos 30 o 40 minutos; la regaremos, de vez en cuando, con su propio jugo. Ya en su punto, y retirada del horno, la pasaremos a una fuente con cuidado de no romperla, la cubriremos con la salsa catalana caliente y la adornaremos con las hojas de los berros bien lavadas o bien con las hojas de la lechuga.

Bacalao a la catalana *(página 127)*

Merluza al estilo de Torre del Breny

(Llug a l'estil de la torre del Breny)
Ingredientes:

12 rodajas de merluza que sean
más bien gordas

100 gramos de pasas

4 huevos duros

2 limones

Sal fina

1 taza de desayuno llena de harina

12 avellanas tostadas

12 almendras tostadas

Un poco de canela en polvo

Pimienta negra en polvo

2 dientes de ajo

Perejil fresco

1 taza de desayuno llena de aceite fino

1 vaso de vino lleno de agua

La merluza será fresca. Una vez limpia, la sazonaremos con sal y el jugo de los limones colado, la pasaremos por harina y lo freiremos en una sartén al fuego con el aceite muy caliente. Ya fritas, las iremos dejando en una cazuela.

Les añadiremos las pasas, que habremos limpiado y escaldo. A continuación haremos una picada en el mortero compuesta por los dientes de ajo picados, unas hojas de perejil trinchado, las almendras y las avellanas (ambas peladas), un poco de canela en polvo y otro poco de pimienta negra.

Cuando todos estos ingredientes estén ligados, les incorporaremos el aceite sobrante de freír el pescado, y el agua, que estará hirviendo. Esta salsa la repartiremos por encima de la merluza a la que daremos un hervor para que obtenga más consistencia durante esta cocción, que debe ser lenta y con la cazuela tapada (unos 10 o 12 minutos).

Serviremos la merluza junto con los huevos duros pelados y partidos, cada uno, por su mitad.

Merluza al horno estilo Cadaqués

(Llug al forn a l'estil de Cadaques)
Ingredientes:

8 rodajas de merluza

50 gramos de aceitunas
verdes sin hueso

1 cebolla mediana

Perejil fresco

1 lata pequeña de champiñones

2 huevos duros

1 limón

Aceite

Sal

Limpia la merluza, le echaremos sal y la colocaremos en una fuente de horno con la cebolla pelada y cortada en rodajas muy finas. La rociaremos con aceite y el zumo colado de limón, le añadiremos los champiñones y aceitunas (ambos picados) y los huevos pelados y también picados, así

144

como un poco de perejil (dos o tres ramas) muy picado también.

Meteremos la fuente al horno unos 15 o 20 minutos.

Serviremos el pescado bien caliente en la misma fuente de cocción.

Merluza asada a la plancha con salsa romesco

(Llug a la planxa amb romesco)
Ingredientes:

1 rodajas de merluza de un peso de
125/150 gramos cada una

Sal fina

Pimienta blanca en polvo

1 limón

1 vaso de agua lleno de aceite fino

1 taza de desayuno llena de salsa
romesco (Para hacerla consultar
Capítulo SALSAS).

Lavado el pescado, lo secaremos con un trapo y le echaremos sal y pimienta. Prepararemos la plancha caliente y asaremos las rodajas de merluza regándolas, abundantemente, con aceite.

Una vez hechas, las presentaremos a la mesa con rodajas de limón, y la salsa romesco en salsera aparte.

Merluza rellena a la catalana

(Llug farcit al forn)
Ingredientes:

1 1/4 kilos de merluza de
la parte de la cola

125 gramos de carne magra de cerdo

2 cucharadas soperas llenas
de puré de tomate

50 gramos de jamón

1 cebolla mediana

12 almendras tostadas

1 cucharada sopera llena de
mantequilla (no margarina)

12 avellanas tostadas

1 huevo crudo

1 cucharada sopera llena de pan rallado

1 copa de vino llena de
vino blanco seco

200 gramos de guisantes desgranados
o 1 lata de 1/4 kilo

1 limón

Pimienta blanca en polvo

1 taza y 1/2 de desayuno de aceite

Sal, agua

Si los guisantes son del tiempo los coceremos en agua hirviendo con sal; una vez cocidos y escurridos, los reservaremos.

Cortaremos a la merluza una rodaja fina a la cual quitaremos la piel y la espina. Al resto de la merluza le quitaremos la espina y la abriremos por su mitad. Rociaremos el pescado con limón y lo dejaremos macerar durante 15/20 minutos.

Cortaremos la carne de cerdo y la rodaja de merluza en trozos pequeños, que freiremos en un poco del aceite; a continuación lo picaremos y daremos sal y pimienta; seguidamente volveremos a poner el picadillo en la sartén le agregaremos la mantequilla y el huevo, un poco batido, y lo mezclaremos al lado del fuego. Con esta farsa rellenaremos la merluza que después ataremos con sumo cuidado o bien coseremos con hilo (la grasa sobrante la pondremos en una fuente de horno).

En otro poco del aceite freiremos la cebolla pelada y picada muy fina; cuando tenga color le agregaremos el puré de tomate, lo sazonaremos con sal y lo dejaremos hacer todo junto unos 10 minutos. Mientras tanto majaremos en el mortero las avellanas y las almendras peladas, a las que incorporaremos el vino; lo mezclaremos con lo de la sartén y lo dejaremos hacer durante 5 minutos.

En una fuente (con el aceite sobrante) colocaremos la merluza, sazonada con sal, la cubriremos con toda la salsa y la meteremos en el horno a temperatura moderada unos 5 minutos; pasado este tiempo, la retiraremos y limpiaremos con un cuchillo la superficie de toda clase de salsa, dejando ésta en los lados de la fuente, espolvorearemos con el pan rallado todo el pescado y a los lados, y sobre la salsa colocaremos los guisantes escurridos. Volveremos a meter el pescado en el horno hasta que esté hecho y dorado (unos 20 o 25 minutos).

Para servir la merluza le quitaremos la cuerda o el cosido y la pasaremos con sumo cuidado a una fuente, poniendo alrededor la salsa con los guisantes.

Mero al horno
(Nero al forn)
Ingredientes:

1 kilo de mero en un solo trozo

1/4 litro de aceite

1/4 kilo de cebollas

1/2 kilo de tomates frescos

100 gramos de zanahorias

1/2 kilo de patatas

1/4 litro de vino blanco seco

1 hoja de laurel

1/4 kilo de caldo de pescado
(El caldo de pescado podemos hacerlo con unas espinas de pescado, una cabeza de pescadilla o cualquier sobrante, agua, sal, un poco de cebolla, un poco de perejil y 1/2 diente de ajo)

3 dientes de ajo

1 limón

Pimienta blanca en polvo

Sal

Hierbas aromáticas (Las hierbas aromáticas pueden ser: tomillo, laurel y perejil, todo atado en un manojo)

1 taza de desayuno llena de salsa alioli
(Para hacerla consultar Capítulo SALSAS)

Una vez limpio el mero, le haremos unos cortos en el lomo, lo sazonaremos con sal, el zumo del limón colado y pimienta, y colocaremos encima de él el atadillo de las hierbas aromáticas.

En una fuente para el horno echaremos la mitad del aceite y las cebollas peladas y cortadas a rodajas finas, las zanahorias, también peladas y a rodajas, los ajos pelados y picados y la hoja de laurel. Colocaremos el pescado encima y lo introduciremos en el horno para que se vaya haciendo, poco a poco; cuando la cebolla empiece a tomar color, añadiremos los tomates pelados y cortados a trozos y, al cabo de 10 o 15 minutos, las patatas peladas cortadas a rodajas de un centímetro más o menos de espesor, así como el vino blanco.

Cuando las patatas estén cocidas, las pasaremos a una fuente aparte, manteniendo el resto en el horno durante 10 minutos.

Una vez hecho el pescado; lo pondremos sobre las patatas, que tenemos en la fuente; cubriendo ambas cosas con la salsa alioli.

Podemos adornar la fuente con rodajas de naranja y también espolvorear el pescado con perejil fresco muy picado.

Pagel a la marinera

(Pagell a la marinera)
Ingredientes:

4 pageles

Sal

2 cebollas medianas

Perejil fresco

1 vasito de vino, lleno de vinagre

1 taza de desayuno llena de aceite fino

1 limón

1 taza de desayuno llena de salsa a la mostaza (Para hacerla consultar Capítulo SALSAS)

Después de limpios y preparados los pageles enteros, les haremos unos cortes en los lomos y los pondremos a marinar durante 2 o 3 horas con sal, las cebollas peladas y cortadas y perejil fresco, cubiertos con el vinagre.

Una hora antes de comer, los asaremos sobre la parrilla o plancha caliente, untada con aceite y sobre fuego vivo, rociándolos, de vez en cuando, mientras los asamos, con aceite y el zumo del limón colado. Serviremos aparte la salsa a la mostaza.

Pescadilla a la catalana

(llucets a la catalana)
Ingredientes:

1/2 kilo de pescadilla cortada a rodajas

1 lata pequeña de champiñones

50 gramos de aceitunas
verdes sin huesos

1 huevo duro

Perejil fresco

1 cebolla pequeña

1 limón

50 gramos de miga de pan fresco

50 gramos de mantequilla

Limpias las rodajas de pescadilla, las sazonaremos con sal. Lavaremos los champiñones, en dos o tres aguas, y los picaremos junto con las aceitunas, el huevo duro pelado y un poco de perejil.

En una fuente, que resista el fuego, echaremos una ligera capa de aceite, añadiremos la cebolla pelada y cortada a rajitas muy finas. Pondremos encima la pescadilla, la rociaremos con el zumo del limón colado, la cubriremos finalmente con la mezcla picada, esparciremos luego por encima la miga de pan desmenuzada y rociaremos con la mantequilla fundida. Meteremos la fuente al horno suave hasta que el pescado esté dorado.

Pescadillas asadas

(Llucets a la graella)
Ingredientes:

4 pescadillas de ración

Sal fina

Perejil fresco

Aceite

Limpiaremos y lavaremos bien las pescadillas, dejándolas enteras. Pondremos la parrilla sobre el fuego, para que se caliente. Bañaremos el pescado, después de salado, con aceite crudo, y lo colocaremos sobre la parrilla, dándole la vuelta de vez en cuando. Al servirlo a la mesa, lo espolvorearemos con abundante perejil fresco muy picado.

Pulpos con cebolla

(Pops amb ceba)
Ingredientes:

500 gramos de pulpos

250 gramos de cebollas

3 tomates no muy grandes

2 tazas de desayuno llenas de aceite

1 vaso de vino blanco seco

2 dientes de ajo

Perejil fresco

Un poco de canela en polvo

Pimienta blanca en polvo

Sal

Agua

Bacalao con samfaina *(página 132)*

Limpiaremos y coceremos los pulpos previamente en agua. Una vez hechos, los cortaremos a tiras. A continuación pondremos una sartén al fuego con el aceite, rehogaremos las cebollas bien peladas y cortadas, y les añadiremos el ajo y el perejil picados menudamente.

Incorporaremos los pulpos, sal, pimienta, un poco de canela y el tomate pelado y reducido a puré en crudo, y lo freiremos todo durante 10 o 15 minutos.

Pasaremos luego todo a una cazuela de barro y, tras añadirle el vino, lo dejaremos que cueza, lentamente, hasta que los pulpos y cebollas estén en su punto.

Pulpos salteados con ajo y perejil

(Pops saltats)
Ingredientes:

1 kilo de pulpos
3 dientes de ajo
Perejil fresco
1 decilitro de aceite
Sal fina

Echaremos a una cazuela, al fuego, con el aceite, los pulpos limpios; taparemos la cazuela y lo dejaremos hacer a fuego lento hasta que consuman el agua que sueltan.

En ese punto les incorporaremos los ajos y el perejil picados y algo de sal; les daremos unas vueltas, a fuego vivo y los serviremos seguidamente.

Rape a la catalana

(Rap a la catalana)
Ingredientes:

1 1/4 kilos de rape
4 dientes de ajo
1 cebolla gorda
2 onzas de chocolate
1 cucharada sopera llena de vinagre
1 hoja de laurel
1 taza de desayuno llena de harina
11 cucharadas soperas llenas de aceite
1 vasito de vino lleno de agua
Sal

El rape, sin piel ni espinas, lo cortamos a trozos, que sazonaremos con sal fina, bozaremos en harina y freiremos en el aceite caliente puesto en una sartén al fuego; según se vayan friendo colocaremos los trozos en una cazuela grande.

Cubriremos el pescado con la cebolla pelada y picada fina, los ajos enteros, la hoja de laurel, el chocolate rallado, la cucharada de vinagre, el resto del aceite de freírlo, así como el vasito de agua. Lo dejaremos cocer a fuego lento y bien tapado, durante 1/2 hora.

Rape al ajo quemado

(Rap a l´all cremat)
Ingredientes:

8 trozos de rape

(1 kilo de peso o algo más)

6 gambas

1 hoja de laurel

6 rebanadas de pan cortadas finas

1 trocito de guindilla

8 dientes de ajo

1 litro de caldo de pescado (El caldo de pescado podemos hacerlo con una cabeza de pescadilla o merluza, espinas de pescado blanco, cabeza del mismo rape si lo compramos entero, hirviéndolo en agua, sal, un poco de aceite, un casco de cebolla y un diente de ajo)

1/4 litro de aceite de oliva

8 tomates maduros cortados por la mitad y extraídas las pepitas

Perejil fresco y sal

Pimienta blanca en polvo

4 cucharadas soperas llenas de harina

Pelados los dientes de ajo, los cortaremos a rodajas finas, que freiremos en una sartén, al fuego, con parte del aceite. Deben dorarse bien sin llegar a quemarse (pues amargarían).

Retirados de la grasa, los dejaremos en un mortero; en esa misma grasa (pondremos más aceite si lo precisa) freiremos el pan junto con el laurel, la guindilla y un poco de perejil picado. Ya frito lo uniremos a los ajos y freiremos en esa sartén los tomates.

Majaremos todo lo que hemos puesto en el mortero finamente y lo uniremos a los tomates. Pondremos al fuego en un cazo el caldo de pescado y le agregaremos todo lo que tenemos preparado, haciéndolo hervir 8 o 10 minutos.

Lavado el rape y sazonado con sal y pimienta, lo pasaremos por la harina y lo rehogaremos en el resto del aceite, que estará en una cazuela de barro al fuego. Una vez frito y escurrido, le añadiremos las gambas y seguidamente la salsa; meteremos la cazuela al horno 10 o 15 minutos. Lo serviremos en la misma cazuela de cocción.

Rape cim-i-tomba

(Rap cim-i-tomba)
Ingredientes:

8 trozos de rape

400 gramos de patatas

1 taza de desayuno llena de aceite

2 tazas de salsa alioli (Para hacerla consultar Capítulo SALSAS)

Sal

Pelaremos y cortaremos las patatas en rodajas, más bien gruesas, a las que daremos sal y freiremos en el aceite caliente, que estará en una sartén al fuego. No es preciso que queden totalmente fritas.

Las pondremos después en una cazuela de barro y sobre ellas el pescado, también a medio freir. Cubriremos todo con la salsa alioli, lo acercaremos al fuego y cogiendo la cazuela por cada lado vamos volcando lo de abajo arriba. Cuando esté casi hecho, le agregaremos un poco más de salsa alioli y continuaremos «tombant» (volcando) hasta que el pescado esté en su punto.

Rape estilo langosta

(Rap allagostat)
Ingredientes:

1 kilo de rapa de la parte
de la cola en un solo trozo

Sal fina

2 cucharadas soperas llenas
de pimentón rojo dulce

50 gramos de mantequilla (puede ser
manteca de cerdo pero no margarina)

2 tazas de desayuno llenas de salsa
mahonesa (Para hacerla consultar
Capítulo SALSAS).

Abriremos por el centro la cola del rape le quitaremos la espina; la lavaremos y daremos sal; lo secaremos con un trapo blanco y ataremos con un cordel fino (como si se tratara de un trozo de carne). Lo haremos unos cortes por encima y pondremos en cada uno un poco de pimentón rojo. Le untaremos con la mantequilla y lo pondremos en una fuente a hacer a horno moderado durante 30 minutos.

Retirado del horno lo dejaremos enfriar. Ya frío, lo pondremos dos o tres horas en el frigorífico. En el momento de servir el rape quitaremos el cordel y lo cortaremos a rodajas un poco gruesas, como si se tratara de langosta. Estas rodajas las colocaremos en una fuente y las cubriremos con la salsa mahonesa.

Podemos adornarlo con hojas de lechuga, rábanos, aceitunas, alcaparras y unos gajos de limón.
(Se puede servir frio o caliente.)

Rodaballo al champaña

(Turbot amb xampany)
Ingredientes:

1200 gramos de rodaballo
en un solo trozo

2 litros de agua

1 cucharadita de moca llena de sal

1 1/2 decilitro de cava seco

2 zanahorias medianas

2 cebollas peladas y cortadas en rodajas

1/2 hoja de laurel

Perejil fresco

Pimienta negra en polvo

1 hoja de cola de pescado

1 lechuga

2 huevos duros

2 tazas de desayuno llenas de salsa
vinagreta o salsa mahonesa
(Para hacerlas consultar
Capítulo SALSAS)

Limpio el rodaballo, lo coceremos en un caldo corto, compuesto por el agua, la sal, el cava, las zanahorias y cebollas, el laurel, un poco de perejil y otro poco de pimienta. Cocido y bien escurrido, lo pondremos en una fuente ovalada y lo dejaremos enfriar perfectamente. Clarificaremos el líquido en que ha cocido, y le añadiremos, para que se haga gelatina, la cola de pescado disuelta en un vaso de agua tibia. Con esta gelatina embadurnaremos el pescado y dejaremos que cuaje (podemos meterla en el frigorífico o bien rodearla con hielo). Adornaremos el pescado con hojas de lechuga y los huevos duros pelados y troceados.

Serviremos aparte una salsera con salsa vinagreta o salsa mahonesa.

Rodaballo cocido

(Turbot bullit)
Ingredientes:

1 1/4 kilos de rodaballo
2 puerros medianos
1 cucharada sopera llena de clavos de especia
3/4 de litro de leche
3/4 de litro de agua
Sal
Pimienta blanca en polvo

Cortaremos el rodaballo, con su piel, en cuatro rodajas, que pondremos en una olla con la leche y la misma cantidad de agua, los clavos, sal, pimienta y los puerros muy troceados, todo ello en frío.

Lo pondremos al fuego y, cuando rompa a hervir, lo dejaremos cocer 15 o 20 minutos. Retirado del fuego, lo serviremos a la mesa en un recipiente hondo y con su mismo caldo.

Podemos acompañarlo con patatas al vapor.

Podemos cocer el rodaballo sólo en agua, pero queda mucho más sabroso mezclando leche y agua a partes iguales.

Rossejat
Ingredientes:

1/2 kilo de rape
1/2 kilo de congrio
1/2 kilo de merluza
12 congrejos
400 gramos de arroz
1/2 kilo de patatas
3 dientes de ajo
1 cucharada sopera llena de pimentón rojo dulce
Aceite
Sal
Agua

En una cazuela, al fuego, con el aceite, freiremos dos de los dientes de ajo; añadiremos el pimentón y litro y medio de agua donde haremos cocer el pescado limpio y cortado a trozos gordos, menos los cangrejos que irán enteros (el pescado podemos variarlo a gusto de cada uno), así como las patatas peladas y partidas a pedazos. Lo sazonaremos todo y lo dejaremos cocer. Una vez cocido colaremos el caldo que reservaremos; colocaremos en una fuente el pescado y las patatas.

En la misma cazuela, con más aceite, freiremos el otro diente de ajo; agregaremos el arroz, que dejaremos freir hasta dorarlo y, en ese momento, le añadiremos el caldo de cocer el pescado (doble de caldo que de arroz); lo dejaremos en el fuego hasta que el arroz quede bien seco (de 20 a 25 minutos).

Retirado el arroz lo dejaremos reposar; después lo pasaremos a la fuente donde están los pescados y las patatas, y lo serviremos a continuación.

Sábalo al limón

(Saboga a la llimona)
Ingredientes:

8 rodajas de sábalo (con un peso
de 1 kilo más o menos)

1 vaso de vino blanco seco

2 vasos de agua llenos de agua

Sal

Perejil fresco

1 cebolla mediana

Pimienta blanca en polvo

1 hoja de laurel

1 diente de ajo

Nuez moscada

1 rodajas de limón

1 limón entero

2 cucharadas soperas llenas de harina

Prepararemos un caldo corto en una cazuela al fuego, con agua, el vino blanco, unas ramitas de perejil, la cebolla, pimienta en polvo, la hoja de laurel, raspaduras de nuez moscada, la rodajita del limón, sal, el diente de ajo y las 2 cucharadas de harina. Después del primer hervor incorporaremos el sábalo. Una vez que esté hecho, lo colacaremos en una fuente y haremos reducir la salsa a su mitad, o menos. Serviremos el sábalo con su propia salsa y el zumo del otro limón exprimido y colado.

Salmón estilo del Rosellón

(Salmó al´estil del Rosselló)
Ingredientes:

4 rodajas de salmón

1 limón

1 taza de desayuno llena de pan rallado

2 cucharadas soperas llenas
de aceite fino

Sal fina

PARA LA SALSA:

3 yemas de huevo crudo

75 gramos de mantequilla
(no margarina)

25 gramos de caviar

Agua

Pondremos el salmón, sazonado con sal fina, en un plato, lo regaremos con el zumo colado del limón y le daremos vueltas a las rodajas para que se empapen bien por ambos lados.

En un cazo echaremos las yemas de huevo junto con tres cucharadas de agua, lo trabajaremos al baño maría y removemos sin cesar hasta que espesen; entonces lo retiraremos para ir añadiéndoles, poco a poco, la mantequilla derretida y, removiendo también continuamente, sazonaremos esta salsa añadiéndole unas gotas de limón y le mezclaremos también el caviar.

El salmón (ya macerado) lo untaremos con el aceite, lo pasaremos por el pan rallado y lo asaremos a la parrilla previamente untada de aceite (de no disponer de parrila podemos prepararlo en el horno).

Zarzuela de pescado *(página 161)*

Serviremos el salmón adornadoo con trozos de limón y la salsa preparada; podemos completar la fuente con unas gambas o langostinos cocidos, y, también, con patatas al vapor, si así se desea.

Salmonetes a la catalana

(Molls a la catalana)
Ingredientes:

4 salmonetes gordos
2 dientes de ajo
Perejil fresco
2 tomates maduros
20 gramos de pan fresco
Sal
Pimienta blanca en polvo
1 vaso de agua lleno de aceite

Después de limpios y vaciados con la punta de un cuchillo, haremos a los salmonetes unas incisiones en su lomo a distancias regulares; lo colocaremos en una fuente que resista al fuego. Espolvorearemos sobre ellos un picadillo hecho con los ajos, el perejil, los tomates, sin piel ni semillas, y miga de pan fresco; cubriremos con el aceite y, sin olvidar la sal y un poquito de pimienta, los meteremos en el horno hasta que estén hechos (de 25 a 30 minutos con calor por arriba y por abajo).

Salmonetes a la «llauna»

(Molls a la llauna)
Ingredientes:

1 kilo de salmonetes
6 cucharadas soperas llenas de aceite
1 vaso de vino, lleno de vino blanco seco
2 cebollas medianas
2 dientes de ajo
3 cucharadas soperas llenas de pan rallado
Perejil fresco
1 limón
Pimienta blanca en polvo
Sal

Procuraremos que los salmonetes sean de igual tamaño.

Quitaremos las escamas y los vaciaremos conservando la cabeza y los hígados; les haremos un par de incisiones en el lomo.

En una «llauna» de horno extenderemos la mitad de las cebollas y de los ajos pelados y picados. Rociaremos los salmonetes con la mitad del aceite, los sazonaremos con sal y pimienta; echaremos sobre ellos el resto de la cebolla y de los ajos, los espolvorearemos con el pan rallado y los rociaremos con las otras tres cucharadas de aceite y el vino blanco. Meteremos la «llauna» en el horno 30 minutos. En el momento de servirlos, añadiremos perejil picado y el zumo del limón colado.

Los serviremos en la misma tartera de cocción.

Salmonetes
a la tortosina

(Molls a la tortosina)
Ingredientes:

1 kilo de salmonetes

1 vaso de agua lleno de aceite fino

1/2 hoja de laurel

*2 cucharadas soperas llenas
de pan rallado*

*2 tazas de desayuno llenas de salsa de
tomate espesa (Para hacerla consultar
Capítulo SALSAS)*

2 dientes de ajo

2 limones

Perejil fresco

*2 cucharadas soperas llenas
de manteca de cerdo*

2 anchoas saladas

Limpiaremos los salmonetes, dejándolos enteros, y los sazonaremos con sal, el zumo de un limón y el aceite. Pasada una hora, los colocaremos en una fuente de asar y los meteremos en el horno a hacer con todo el jugo de su maceración y agregando el laurel; los espolvorearemos por encima con el pan rallado.

A la salsa de tomate espesa le añadiremos los ajos picados para que tenga sabor a ajo; adicionaremos también el jugo de los salmonetes, el zumo del otro limón, perejil picado fino, la manteca de vaca y las anchoas pasadas por el tamiz, procurando que estos ingredientes queden bien mez-

clados. Echaremos esta salsa a la fuente de los salmonetes.

Los serviremos recién hechos.

Sardinas de bote

(Arengada)
Ingredientes:

8 arenques secos

50 gramos de alcaparras

*3 cucharadas soperas llenas
de aceite fino*

2 pimientos rojos de lata

Perejil fresco

Limpiaremos los arenques, les quitaremos la espina y los dejaremos a remojo durante 4 o 5 horas. Una vez pasado dicho tiempo, los secaremos con un paño y los cortaremos en forma de filete, que luego enrollaremos. Prepararemos estos rollos de arenque en una fuente poniendo sobre ellos las alcaparras y abundante perejil fresco picado; rociaremos con el aceite y adornaremos el plato con tiras de pimiento, dejándolo que repose durante 2 horas antes de servirlo.

Sardinas
a la Costabravense

(Sardines a la Costa Brava)
Ingredientes:

6 sardinas gordas muy frescas

Sal gorda

Abundante aceite fino

2 dientes de ajo picados

con perejil fresco picado

Para esta receta se recomienda lavar poco las sardinas (hay quien incluso no les quita ni las tripas; no obstante si se desean vaciar dejaremos o respetaremos la cabeza y el hígado, y en vez de lavarlas les pasaremos un trapo limpio).

Tal cual las queramos, las pondremos en un plato y las cubriremos con sal gorda; así permanecerán 2 o 3 horas. Las sacudiremos bien del exceso de sal, las dispondremos en una paellera de hierro (como la de hacer arroz) muy engrasada con aceite y las meteremos al horno, caliente.

Les daremos continuas vueltas mientras se asan al horno y las regaremos con aceite. Se sirven con el ajo y el perejil por encima.

Podemos hacerlas también de igual forma pero a la parrilla.

Sardinas escabechadas

(Sardinas escabechadas)
Ingredientes:

1 kilo de sardinas

8 dientes de ajo

1 hoja de laurel

Un poco de tomillo

Un poco de orégano

Sal

Pimienta negra en polvo

1/4 litro de vinagre

2 cucharadas soperas llenas de pimentón encarnado dulce

1/4 litro de aceite

1 taza de desayuno llena de harina

Limpiaremos bien las sardinas y las salaremos; las pasaremos por la harina y las freiremos en el aceite caliente; retiradas de la sartén y, en el mismo aceite, echaremos el tomillo, el orégano, la hoja de laurel y los dientes de ajo. Cuando esto haya frito unos 15 minutos lo retiraremos del fuego, echaremos sal, un poco de pimienta negra, el pimentón encarnado dulce, y una cantidad de vinagre igual a la mitad del aceite que contenga la sartén. Lo arrimaremos al fuego y dejaremos hervir unos 5 minutos; retirado del calor del fuego y cuando esté frío, lo echaremos sobre las sardinas, que tendremos ya en un recipiente hondo de barro.

La salsa debe cubrirlas completamente.

De esta forma, y en lugar frío, pueden conservarse varios días.

Sepia a la plancha

(Sipia a la planxa)
Ingredientes:

1 kilo de sepias de buen tamaño

Sal

Pimienta blanca en polvo

2 dientes de ajo

Perejil fresco

Aceite fino

Recomendamos que, al comprar la sepia, la limpien y despellejen (los pescaderos lo hacen muy bien). Ya en casa, la lavaremos, como de costumbre en agua fría, y lo cortaremos a trozos irregulares. Engrasaremos la plancha o la parrilla con aceite y así que esté muy caliente, colocaremos sobre ella los trozos de sepia, apretándolos con una espátula y espolvoreándolos con sal y pimienta. Les daremos la vuelta de vez en cuando y cuando estén asados los retiraremos. Si es preciso se les echa aceite durante su asado. Al ir a servir la sepia la adornaremos con los ajos y perejil fresco muy picado.

Sepia estofada

(Sipia ofegada)
Ingredientes:

1 kilo de sepia

1/2 kilo de patatas

1 cabeza de ajos

1 onza de chocolate

1 cebolla mediana

1/4 litro de aceite

1 vasito de vino, lleno de vino rancio

Sal

Agua

Elegiremos sepias de tamaño grande, que son las más apropiadas para hacer esta receta.

La sepia la cortaremos a trozos y la freiremos en una cazuela, al fuego, con el aceite, la cabeza de ajos entera (que retiraremos antes de servir el pescado a la mesa), el chocolate rallado y la cebolla, pelada y finamente cortada.

Taparemos la cazuela con un plato que contenga agua, (esta agua nos servirá para añadirla a la sepia rehogada si vemos que ésta puede pegarse).

Cocerá la cazuela a fuego lento y, a media cocción (unos 35 minutos, más o menos), le añadiremos el vino rancio y las patatas peladas y cortadas a cuadrados. Echaremos sal y agua (sólo la suficiente para que se cuezan las patatas). Serviremos la sepia muy caliente en una fuente.

Suquet de pescado

(Suquet de peix)
Ingredientes:

1/2 kilo de rape
1 lubina o dorada (600 gramos de peso)
1/2 kilo de almejas
1/2 kilo de mero
1 kilo de mejillones
4 dientes de ajo
1 docena de almendras tostadas
1 cucharada sopera llena de harina
Un poco de azafrán hebra
Perejil fresco
1 vaso de agua lleno de aceite
Sal
Agua

Limpiaremos bien los pescados y lo cortaremos en trozos regulares.

En una cazuela, al fuego, con el aceite freiremos los ajos; ya fritos los retiraremos al mortero. Echaremos el pescado preparado a la cazuela. Majaremos los ajos en unión de las almendras ligeramente peladas, el azafrán, un poco de perejil picado, un poco de sal, la harina, una cucharada sopera llena de aceite y otra de agua, lo machacaremos bien hasta lograr una pasta fina que desleiremos con un cuarto de litro de agua hirviendo. Echaremos esto sobre el pescado, que dejaremos en el fuego 10 o 15 minutos.

Las almejas y mejillones los haremos abrir al fuego con un poco de agua; ya abiertos, les quitaremos la cáscara y los añadiremos a la cazuela, lo mismo que el agua que han soltado, bien pasada por un colador fino para que no tenga arena.

Serviremos el suquet en la misma cazuela y muy caliente.

Truchas a la catalana

(Truites a la catalana)
Ingredientes:

4 truchas de ración
1 taza de desayuno llena de harina
2 dientes de ajo
1 vaso de agua lleno de aceite
Perejil fresco
Un poco de comino
Sal
4 cucharadas soperas llenas de manteca de cerdo
Agua
Vinagre
2 cebollas
2 limones

Limpiaremos las truchas y las cortaremos en trozos, dejando el de arriba con la cabeza; daremos sal a los trozos que pasaremos por harina y los freiremos en la manteca de cerdo puesta en una sartén al fuego. Una vez fritas las truchas las reservaremos.

Majaremos en el mortero los dientes de ajo pelados junto con perejil, ambos picados; añadiremos un poco de comino y sal, lo disolveremos con un poco de vinagre y lo echaremos todo a una cazuela con agua; pondremos ésta al fuego (muy suave) y en ella daremos un hervor a las truchas que teníamos reservadas. Pelaremos y picaremos las cebollas, las freiremos en el aceite y las incorporaremos también a la cazuela.

Serviremos las truchas con la salsa pasada por el colador y los limones cortados a trozos.

Truchas a la Salardú

(Truites a la Salardú)
Ingredientes:

4 truchas de ración

4 tomates medianos

100 gramos de manteca de cerdo

Perejil fresco

1/2 cucharilla de café, de azúcar

Vinagre

Agua

Sal

2 cebollas medianas

Freiremos las truchas (si es posible, del Fresser o del Garona), después de limpias y con sal, en la mitad de la manteca de cerdo puesta en una sartén al fuego. En un mortero picaremos perejil y le añadiremos el resto de la manteca de cerdo y el azúcar, deshaciéndolo con un poco de vinagre y otro poco de agua. Lo pondremos al fuego en una cazuela, lo removeremos bien hasta que esté cocido y le añadiremos las cebollas peladas y fritas a trozos y después las truchas, que deben acabar de hacerse cociendo, ligeramente, en esta salsa.

Zarzuela de pescado

(Sarsuela de peix)
Ingredientes:

300 gramos de rape

500 gramos de merluza

300 gramos de calamares

4 gambas

1 kilo de mejillones

4 cigalas

1 kilo de tomates

2 dientes de ajo

Perejil fresco

Pimienta blanca en polvo

1 copa de licor de coñac

1/4 litro de vino blanco

1 taza de desayuno llena de harina

Aceite

Sal

Limpiaremos y cortaremos el rape, la merluza y los calamares a trozos regulares, a los que daremos sal, pasaremos por la harina y freiremos en una sartén al fuego, con un poco del aceite, pero que esté muy caliente. Una vez dorados, los retiraremos a una cazuela o paella de hierro.

En la misma sartén, con el resto del aceite, rehogaremos el marisco (gambas, mejillones y cigalas), muy bien limpio y lo pondremos donde está el pescado. En el aceite que quede echaremos los ajos picados, los dejaremos dorar, le añadiremos el coñac y lo flambearemos; echaremos el vino y dejaremos que se reduzca unos minutos, a continuación añadiremos el tomate en crudo y pasado por el pasapuré. Para que se fría bien con un poco de pimienta. Una vez hecha esta salsa la echaremos por encima del pescado, dejándolo hacer, todo junto, durante 10 minutos a fuego lento. Lo serviremos a la mesa en la misma cazuela o paella, con abundante perejil picado por encima.

Mariscos

Ostras vivas *(página 174)*

Almejas a la cazuela

(Cloïsses a la cassola)
Ingredientes:

1 kilo de almejas de tamaño mediano

4 cucharadas soperas llenas de aceite

2 dientes de ajo

50 gramos de miga de pan

del día anterior

Perejil fresco

Agua

Sal

Pimienta blanca en polvo

Lavaremos bien las almejas en agua fría con sal, y las pondremos en una sartén, al fuego, con medio vaso de agua fría. A medida que van abriéndose, las retiraremos con la espumadera, las quitaremos una de las dos cáscaras y las doraremos con cuidado en una cazuela. Colaremos su agua por un trapo fino, la echaremos en una cazuela y la reservaremos.

Echaremos el aceite en una sartén, al fuego, y freiremos en él uno de los dientes de ajo pelado y picado. Remojaremos la miga de pan en un poco de agua, la estrujaremos con los dedos, y la incorporaremos al ajo frito, junto con el otro diente pelado y picado, perejil trinchado y el agua de las almejas que teníamos reservada; con todo esto, colado, cubriremos la cazuela donde están las almejas, las cuales meteremos al horno (5 u 8 minutos) o bien daremos un hervor sobre el fuego de 5 a 8 minutos.

Almejas guisadas

(Cloïsses guisades)
Ingredientes:

1 kilo de almejas (pueden ser chirlas)

1 taza de desayuno llena de aceite

2 dientes de ajo picados

1 cucharada sopera llena de perejil

fresco muy picado

1 cucharada sopera llena de harina

1 vasito de vino lleno de vino blanco

1 vaso de agua lleno de agua o, mejor,

de caldo de carne o del puchero

El zumo de medio limón colado

Pondremos las almejas a remojo en agua y sal, las escurriremos y lavaremos. Las rehogaremos en una cazuela al fuego con el aceite, los ajos y el perejil. Cuando estén todas abiertas, las retiraremos, las reservaremos aparte, añadiremos a la cazuela la harina, el vino blanco, echaremos un poco de sal y dejaremos que cueza unos 10 o 15 minutos.

Pondremos las almejas en una fuente y las cubriremos con la salsa y el zumo del limón. Deben llevarse rápidamente a la mesa.

Almejas vivas con limón

(Cloïses vives amb llimona)
Ingredientes:

12 almejas gordas
Hielo
2 limones

Elegiremos almejas vivas y las abriremos totalmente, dejando ambas conchas.

Picaremos o trituraremos el hielo, lo pondremos en un plato y, sobre él, las almejas junto con los limones cortados a trozos.

Se comen estas almejas con cuchara, o tenedor especial de mariscos, y después de haberles echado un buen chorro de limón.

Cangrejos a la marinera

(Crancs a la marinera)
Ingredientes:

4 docenas de cangrejos de río
1/2 litro de vino blanco
Agua
Hierbas finas (tomillo, laurel y perejil)
Sal

Una vez lavados los cangrejos, los pondremos a hervir en un caldo a base del vino blanco, las hierbas finas, agua y sal. Taparemos durante la cocción con una fuente que servirá para, una vez bien cocidos y hervidos, presentarlos a la mesa. La cocción variará según el tamaño; generalmente no supera los 15 o 20 minutos.

Cigalas cocidas con salsa fría

(Escamarlans bullits amb salsa freda)
Ingredientes:

1 kilo de cigalas
1 taza de desayuno llena de salsa de mahonesa (Para hacerla consultar Capítulo SALSAS)
2 lechugas
100 gramos de setas en aceite
80 gramos de aceitunas negras
Sal
Agua

Lavadas las cigalas las herviremos en agua con mucha sal, unos 15 o 18 minutos. Las escurriremos y pelaremos las colas.

Prepararemos las hojas más blancas de las lechugas, las picaremos y uniremos a las setas (junto con su aceite), pondremos también las aceitunas. Uniremos las cigalas con la ensalada y cubriremos todo con salsa mahonesa (puede ser vinagreta).

Hay quien presenta las cigalas enteras, la ensalada sola y la salsa, también aparte, en una salsera.

Cóctel de marisco con salsa fría

(Còctel de marisc amb salsa freda)
Ingredientes:

1 kilo de gambas
1 lechuga
1 taza de desayuno llena de salsa mahonesa (Para hacerla consultar Capítulo SALSAS)
1 lata de tomate frito
2 huevos duros
Agua
Sal

Cocer las gambas en abundante agua con sal. Una vez cocidas, separar 8 de ellas enteras con caparazón y todo, pelar las otras y cortar la carne a trozos pequeños.

Lavar bien la lechuga y picar lo más blanco; unir el picado de gambas con el picado de lechuga y disponerlo en una fuente honda de cristal. Batir la salsa mahonesa con el tomate y cubrir lechuga y gambas, de forma que quede bien impregnado.

Disponer en cuatro copas de cristal o de plata, repartiéndolo bien. Pelar los huevos duros y picarlos, y adornar la superficie con ellos y las gambas enteras.

Gambas con salsa picante

(Gambes amb salsa picant)
Ingredientes:

800 gramos de gambas gordas
1/2 taza de desayuno llena de aceite
Sal fina
1 taza de desayuno llena de salsa picante (Para hcerla consultar Capítulo SALSAS; aunque es una salsa ideada para acompañar carnes queda muy bien con las gambas; no obstante hay quien sirve éstas simplemente asadas y con ajos y perejil picados por encima)

Lavaremos bien las gambas en agua fría y les daremos sal; las asaremos a la parrilla y las regaremos con el aceite; así que estén hechas, las pasaremos a una fuente y las serviremos con la salsa picante.

Langosta a la catalana

(Llagosta a la catalana)
Ingredientes:

1 langosta viva de 1/2 kilo de peso
2 cucharadas soperas llenas de pasta de tomate
2 copas de licor llenas de coñac
7 cucharadas soperas llenas de aceite
1 hoja de laurel
1/2 cucharadita de café de pimienta en grano
100 gramos de jamón
2 onzas de chocolate rallado
2 cucharadas soperas llenas de cebolla picada
1 taza de desayuno llena de caldo de carne
Perejil fresco
Sal
1 taza de desayuno llena de harina

Pondremos la langosta en el mármol con las patas para arriba y, con la mano, le sujetaremos la cola de forma que quede estirada; en esta posición, le cortaremos una antena que introduciremos por el orificio que la langosta tiene en la cola, de modo que la atraviese de la cola a la cabeza; después sacaremos la antena, con la que saldrá la tripa y el jugo de la langosta, que recogeremos y guardaremos en una cacerola que ya tendrá la taza de caldo. Seguidamente partiremos la langosta en trozos sin quitarle el caparazón; estos trozos los rebozaremos por la harina y los rehogaremos en parte del aceite puesto en una sartén al fuego, muy caliente, y los retiraremos después a un plato.

Pondremos una cazuela al fuego con el resto del aceite y cuando esté caliente freiremos en ella la cebolla, le agregaremos el jamón cortado a cuadraditos, la pasta de tomate, el chocolate, el coñac y el caldo con el jugo que teníamos de la langosta. En una bolsa meteremos la pimienta, el laurel y el perejil, y la introduciremos en la salsa, a la que también sazonaremos. La dejaremos unos minutos en el fuego poniendo en ella los trozos de la langosta, y lo dejaremos cocer todo 20 o 30 minutos.

Pasado el tiempo citado, colocaremos la langosta en una fuente y la serviremos con toda su salsa, de la cual habremos retirado la bolsa de las especias.

Langosta a la Costa Brava

(Llagosta a la Costa Brava)
Ingredientes:

1 langosta de 1 1/2 kilo de peso

24 caracoles

2 decilitros de aceite

1 decilitro de vino rancio

2 dientes de ajo

400 gramos de tomates frescos

1 palito de canela

1 cebolla mediana

1 rebanada de pan

Un poco de azafrán hebra

300 gramos de cebollas

1 hoja de laurel

Perejil fresco

Un poco de tomillo

10 gramos de avellanas tostadas

10 gramos de almendras tostadas

Sal

Pimienta blanca en polvo

Nuez moscada

Agua

En un cazuela de barro, al fuego, echaremos el aceite y la cebolla, pelada y picada finamente; así que empiece a tomar color, le agregaremos la langosta cortada en trozos y la rehogaremos 5 minutos, le echaremos el vino rancio y el tomate mondado y picado. Sazonaremos con sal, pimienta y nuez moscada rallada. Adicionaremos los caracoles limpios y hervidos con agua y sal. A continuación incorporaremos un ramillete compuesto por perejil, tomillo, laurel y el palito de canela atado con un hilo; taparemos la cacerola y la coceremos a fuego lento por espacio de 40 o 50 minutos. Majaremos en un mortero los ajos pelados y picados, el azafrán, las avellanas y almendras tostadas y la miga de pan frito; hecho todo una pasta fina, la desleiremos con un poco de agua y la agregaremos a la langosta cuando esté a medio cocer.

Langosta al estilo de Can Solé

(Llagosta a l'estil de Can solé)
Ingredientes:

1 langosta de 1 1/2 kilo de peso

1 cebolla mediana

1 decilitro de aceite

75 gramos de mantequilla

1 cucharada sopera llena de harina

200 gramos de tomates frescos

3 dientes de ajo

Perejil fresco

1 limón

1 zanahoria

1 copita de licor llena de coñac

1 decilitro de vino blanco seco

Nuez moscada

Sal

1/4 litro de agua

Elegiremos una langosta viva y la partiremos por la mitad en toda su longitud, le quitaremos las patas y la sazonaremos con sal y pimienta, la rociaremos con el aceite y el zumo del limón colado, y la asaremos a la parrilla.

Haremos la salsa de esta forma: cortaremos las patas de la langosta a trocitos y las pondremos en una cacerola con la cebolla y la zanahoria, peladas y trinchadas finas, y la mitad de la mantequilla; lo rehogaremos todo poco a poco hasta que tome color dorado.

Seguidamente le agregaremos los ajos pelados y picados, el coñac, el vino, un poco de perejil, la harina y los tomates picados, añadiendo a la vez el cuarto de litro de agua, y sazonando con sal, pimienta y nuez moscada rallada.

Lo haremos durante media hora, lo pasaremos por el colador y añadiremos el resto de la mantequilla. Serviremos la langosta con la salsa vertida sobre ella. Hay quien presenta la langosta por un lado y la salsa en salsera aparte.

MARISCOS

Langostinos con salsa romesco

(Llangostins amb romesco)
Ingredientes:

1 kilo de langostinos
Agua
Sal
1 manojo compuesto por perejil fresco, laurel y tomillo
2 cucharadas soperas llenas de perejil fresco muy picado
2 tazas de desayuno llenas de salsa romesco (Para hacerla consultar Capítulo SALSAS)
1 cebolla mediana
1 zanahoria mediana
1 vaso de vino, lleno de vino blanco seco.

Lavaremos los langostinos y los coceremos en abundante agua con sal, el manojo compuesto, la cebolla y la zanahoria (peladas y enteras) y el vino blanco; los dejaremos hervir 20 minutos a fuego fuerte. Escurridos, los dejaremos enfriar y les quitaremos la cáscara dejando un poquito de cola.

Los colocaremos en una fuente espolvoreándolos con el perejil picado.

Aparte presentaremos la salsa romesco.

Cigalas cocidas con salsa fría *(página 166)*

Langostinos salteados a la catalana

(Llangostins saltats a la catalana)
Ingredientes:

1 kilo de langostinos

Agua

Sal

1 taza de desayuno llena de aceite fino

1 cebolla mediana

1 diente de ajo picado

1 cuchara sopera llena de perejil picado

Pimienta blanca en polvo

1 vaso de agua, lleno
de vino blanco seco

2 cucharadas de tomate frito (de lata)

Pondremos a hervir los langostinos en agua y mucha sal; al romper el hervor los retiraremos del fuego, los escurriremos la cáscara. En una sartén o plato de saltear, con el aceite fino, saltearemos los langostinos junto con la cebolla pelada y picada fina, el diente de ajo y el perejil; sazonaremos con sal, pimienta y el vino blanco; después de un ligero hervor (5 minutos) les añadiremos el tomate frito.

Mejillones a la catalana

(Musclos a la catalana)
Ingredientes:

1 kilo de mejillones

1 taza de desayuno llena de aceite

1 cebolla gorda

2 tomates medianos

1 diente de ajo

Perejil fresco

Sal

Pimienta blanca en polvo

1 vaso de agua, lleno de vino blanco

Rasparemos y lavaremos bien los mejillones, les pondremos en una cacerola, con un poco de agua fría, sal y pimienta, y los coceremos tapados. En una sartén al fuego con el aceite, freiremos la cebolla pelada y cortada fina, después los tomates troceados, el ajo y el perejil por último, añadiremos el agua en que han cocido los mejillones (colada).

Reduciremos el vino blanco en una cacerola, al fuego, echando después los mejillones y cubriendo éstos con la salsa anteriormente preparada.

En el momento de servirlos a la mesa los espolvorearemos con perejil cortado muy fino.

Mejillones a La Riba

(Musclos a la Riba)
Ingredientes:

1 kilo de mejillones

1 vaso de agua lleno

2 cebollas medianas

1 kilo de tomate

Sal

Un poco de azúcar

Perejil fresco

3 cucharadas soperas llenas
de manteca de cerdo

Limpios, los mejillones los abriremos al calor del fuego, en una cazuela con el agua.

Una vez abiertos, quitaremos la media cáscara vacía y las otras, las colocaremos en una fuente.

Prepararemos una buena salsa de tomate con la manteca, cebolla, tomates, sal y un poco de azúcar. Hecha y espesa la salsa, pondremos un poco sobre cada concha y, por último, perejil fresco muy picado.

Mejillones con crema de gambas

(Musclos amb crema de gambes)
Ingredientes:

8 docenas de mejillones

1 cebolla gorda

1 zanahoria mediana

Un poco de apio

1 vaso de vino, lleno de
vino blanco seco

Pimienta blanca en polvo

100 gramos de mantequilla

50 gramos de harina

1 vasito de vino lleno de leche

50 gramos de gambas

Perejil fresco y Sal

Rasparemos y lavaremos en varias aguas los mejillones; los pondremos en una cacerola grande con la cebolla pelada y cortada a ruedas, un poco de perejil, la zanahoria pelada y cortada a rodajas, el apio, el vaso de vino blanco seco, sal y un poco de pimienta. Daremos un hervor a los mejillones y, cuando estén abiertos, retiraremos el «bicho» de las cáscaras apartándolos del fuego un momento. Derretiremos aparte la mitad de la mantequilla, le incorporaremos la harina, la mezclaremos bien, la dejaremos dorar ligeramente y añadiremos la salsa de los mejillones (colada) y, si es necesario, un poco de leche. Lo dejaremos cocer 10 minutos.

Lavaremos las gambas, las pelaremos y majaremos en el mortero; las mezclaremos con el resto de la mantequilla las pasaremos luego por el tamiz. Si queremos que esta crema más refinada podemos mezclarle un decilitro de nata fresca y un vasito de licor lleno de cava. Con esta salsa cubriremos los mejillones y los llevaremos a la mesa.

Mejillones con tomate a la cazuela

(Musclos amb tomaquet a la cassola)
Ingredientes:

1 kilo de mejillones
1 cebolla mediana
1 lata de tomate frito
Sal
Perejil fresco
1 limón
Agua
1 cucharadita de café de pimentón rojo dulce
1 taza de desayuno llena de aceite

Limpios los mejillones, los pondremos en una cazuela al fuego a que se hagan al vapor, sin agua, sólo con el limón cortado en cuatro trozos.

En una sartén con el aceite, freiremos la cebolla bien pelada y picada y, cuando empiece a tomar color, le añadiremos el pimentón, el tomate frito y un vaso de agua; sazonaremos con sal y adicionaremos los mejillones. Los coceremos 10 minutos a fuego vivo.

Los serviremos con perejil fresco picado y espolvoreado por encima.

Ostras vivas

(Ostres vives)
Ingredientes:

4 docenas de ostras vivas
4 limones
Hielo triturado

Lavar con cepillo fuerte la parte exterior de las ostras, y después proceder a abrirlas con un abridor especial o con la punta de un cuchillo afilado.

Preparar cuatro platos con hielo y poner sobre cada uno una docena de ostras abiertas junto con dos trozos de limón.

Las ostras deben ser muy frescas.

Parrillada de mariscos y pescado

(Graellada de marisc y peix)
Ingredientes:

4 cigalas
8 gambas
12 mejillones
12 almejas
4 trozos de lubina (un peso 600 gramos)
4 salmonetes de ración
4 rodajas de merluza (un peso de 600 gramos)
Sal
Aceite
Salsa fría al gusto

La parrillada es realmente sencilla, sólo consiste en escoger los pescados y asarlos a la parrilla; se sireven bien hechos, sazonados y con aceite de su propio asado. Se comerán untándolos en la salsa fría elegida.

Si la parrilla la hacemos con fuego de leña, quedará mucho más sabrosa.

Salpicón de marisco

(Còctel de marisc)
Ingredientes:

1/2 kilo de carabineros (Gambas muy grandes conocidas por ese nombre)
1/2 kilo de langostinos
2 cigalas
1 langosta pequeña
1 pimiento rojo de lata
6 pepinillos en vinagre
1 vasito de vino lleno de vinagre
1 taza de desayuno llena de aceite
1 cucharada sopera llena de mostaza
8 cebollitas en vinagre
Perejil fresco
Sal
Agua

En una cazuela, al fuego, con abundante agua y sal coceremos el marisco individualmente con su cáscara y lo dejaremos enfriar. Una vez hecho y pelado lo cortaremos en trozos pequeños.

Aparte, en un recipiente de loza o cristal, prepararemos una salsa con el aceite, vinagre, mostaza, las cebollitas enteras y los pepinillos picados, así como el pimiento picado y un poco de perejil trinchado. Batiremos bien todo esto y se lo echaremos al marisco, que meteremos en el frigorífico unos minutos antes de servirlo para que esté más fresco.

Surtido de mariscos

(Barreja de marisc)
Ingredientes:

6 almejas
2 nécoras
6 mejillones
4 navajas
6 langostinos cocidos
1 limón
2 huevos crudos
Sal fina
Pimienta blanca en polvo
1 vasito de vino, lleno de leche de cabra
Perejil fresco
Agua
1 cucharada sopera llena de mantequilla

Una vez limpios los mariscos, los pondremos con agua, al fuego, para que se abran. Retiraremos la carne de dentro, la pondremos en un plato y la dejaremos, con el zumo del limón colado, unos 15 o 25 minutos.

Batiremos los huevos; derretiremos la mantequilla y haremos una «barreja» en la sartén con todo ello y la carne de los mariscos a lo que añadiremos la leche, sal y pimienta.

Serviremos la «barreja» con los langostinos cocidos y sin piel y perejil fresco muy picado.

Carnes

Solomillo de ternera Ribot (*página 215*)

Bistec del abuelo

(Bistec de l'avi)
Ingredientes:

650 gramos de carne de ternera picada

1 cucharada sopera llena

de mantequilla

1 cucharada sopera llena de aceite

2 huevos

2 cebollas medianas

2 cucharadas soperas llenas de hierbas

finamente picadas (estragón y perejil)

Sal

Pimienta blanca en polvo

Pelaremos las cebollas y las picaremos finamente; lavaremos un poco las hierbas. Uniremos a la carne picada, en un plato, los huevos batidos, mezclando todo muy bien con la ayuda de un tenedor y añadiendo la cebolla picada y las hierbas, así como sal y un poco de pimienta. Amasaremos bien la carne, mezclándole todos los ingredientes si es preciso con las manos limpias. Haremos 4 partes iguales y formaremos bistecs de un espesor aproximado de 1 cm. que untaremos por las dos caras con el aceite, y dejaremos1 hora en reposo.

Unos 5 minutos antes de servir al plato, calentaremos la sartén en el fuego poniendo en ella la mantequilla y, cuando esté muy caliente, echaremos los bistecs, a fuego vivo, haciéndoles 2 minutos por cada lado. Los serviremos inmediatamente.

Buey estofado

(Bou estofat)
Ingredientes:

600 gramos de carne de buey

de la culata o de la cadera

100 gramos de manteca de cerdo

300 gramos de cebolla

100 gramos de tomates frescos

1 diente de ajo

1 copita de licor llena de vino rancio

1/2 kilo de patatas

150 gramos de butifarras cruda (en la

región catalana existen, por lo menos,

tres clases fundamentales de butifarra:

la blanca, la negra (ambas a modo de

embutido) y la «crua» o cruda que es

como una salchicha blanca pero mucho

más gruesa)

100 gramos de setas frescas o de lata

2 granos de pimienta

2 hojas de laurel

En una olla de hierro, al fuego, rehogaremos, con la manteca de cerdo, la cebolla pelada y cortada a tiras; cuando esté dorada, le añadiremos el diente de ajo picado y la carne cortada a trozos; la dejaremos hacer hasta que la carne esté dorada, agregaremos entonces los tomates pelados y picados, el vino rancio, las hojas de laurel y los granos de pimienta.

Taparemos la olla con un papel de estraza, encima pondremos un plato sopero con agua y la dejaremos cocer lentamente 2 horas.

Pelaremos las patatas y las echaremos enteras, si son pequeñas; añadiremos también las setas y la butifarra cortada en cuatro trozos y todo junto se hará hasta que esté muy tierno y en su punto.

Cabrito asado con puré de patatas

(Cabrit rostit amb puré de patates)
Ingredientes:

1 1/2 kilo de cabrito en un solo trozo
50 gramos de tocino
500 gramos de patatas
25 gramos de mantequilla
1/4 de litro de leche
1 vasito de vino, lleno de vino blanco seco
2 zanahorias medianas
2 cucharadas soperas llenas de harina
1 cucharada sopera llena de pimentón dulce
2 dientes de ajo
Perejil fresco
50 gramos de manteca de cerdo
Agua
Sal

En una cazuela, al fuego, echaremos la manteca de cerdo, el tocino cortado a trocitos, los ajos pelados y picados, perejil picado, las zanahorias peladas y troceadas, el pimentón, sal, una cucharada de harina y el cabrito; dejaremos que se haga a fuego moderado. Cuando esté un poco dorado,

echaremos el vino y un poquito de agua. En cuanto la carne esté dorada, colaremos la salsa, pondremos de nuevo todo al fuego y mezclaremos el resto de la harina tostada.

Haremos un puré con las patatas, la mantequilla, la leche y sal y serviremos el cabrito en una fuente, con su salsa, y rodeado con el puré de patatas.

Cabrito con alcachofas rellenas a la barcelonesa

(Cabrit amb carxofes farcides a la barcelonina)
Ingredientes:

1 pierna de cabrito (con un peso de 1600 gramos aproximadamente)
2 dientes de ajo
1 cebolla mediana
12 champiñones de lata
12 alcachofas tiernas
150 gramos de manteca de cerdo
1 tomate gordo
1/2 kilo de patatas
1 limón
1 taza de desayuno llena de salsa de tomate
1 vasito de vino lleno de jerez seco
1/4 de litro de aceite
Sal
1 taza de desayuno llena de caldo

Frotaremos bien la pierna de cabrito con los ajos pelados y la sazonaremos con sal; la colocaremos en un asador con la manteca de cerdo, la cebolla pelada y partida en trozos grandes y el tomate pelado, limpio y también partido. La meteremos en el horno y la asaremos hasta que esté tierna y dorada, rociándola con el vasito de jerez y un poco de agua fría.

Entre tanto limpiaremos las alcachofas, quitándoles parte de las hojas exteriores y algo de las interiores, para formar como unas cazuelitas; las coceremos en agua con sal. Ya cocidas, las rellenaremos con una cucharada de salsa de tomate espesa y un champiñón (también podemos rellenarlas con guisantes), las gratinaremos unos momentos en el horno antes de servirlas. Las patatas, a ser posible pequeñas, las pelaremos y las freiremos en abundante aceite.

La pierna ya asada, la pondremos en una fuente, rodeada de las patatitas y las alcachofas gratinadas. La salsa del asador la mezclaremos con el caldo, la pasaremos por el pasa puré y la echaremos muy caliente sobre la carne; la serviremos recién hecha.

Carne asada a la catalana
(Carn rostida)
Ingredientes:

1 1/4 kilo de carne de la parte del redondo o del falso solomillo
1 cebolla mediana
3 granos de pimienta negra
1 tomate maduro
Un poquito de agua
1 hoja de laurel tostada en la llama del fuego (un poco separada para que no se queme)
2 dientes de ajo asados
1/2 copa de vino llena de vino dulce
1 zanahoria mediana
Sal
Pimienta blanca en polvo
1/4 de litro de aceite

Pondremos el aceite en la cazuela, al fuego. Ataremos el redondo o el trozo de carne, y, cuando el aceite esté caliente lo incorporaremos a la cazuela, a fuego fuerte, para que se dore, dándole vueltas para que se haga por un igual (antes le habremos echado sal).

Cuando esté dorado, le añadiremos todos los ingredientes, tapando la cazuela y bajando el fuego al objeto de que se haga despacio. El tiempo de cocción variará entre 1 y 1 1/2 hora.

Cuando esté hecho, ya retirado, lo dejaremos enfriar y lo partiremos a rodajas. Pasaremos la salsa por el tamiz y la echaremos por encima de la carne dándole un hervor en ella antes de servirla a la mesa.

También podemos presentar la carne fría y la salsa caliente en salsera aparte.

Carne con mejillones

(Carn amb musclos)
Ingredientes:

800 gramos de carne de ternera

1 docena de mejillones cocidos

2 huevos crudos

1 trufa

Un poco de canela en polvo

Pimienta negra en polvo

100 gramos de pan rallado

Agua

1/2 kilo de patatas

1/4 de litro o más de aceite

Sal

Picaremos la carne de ternera, la sazonaremos con sal, canela y pimienta y le mezclaremos los mejillones cocidos y sin cáscara, así como la trufa picada. Formaremos como unos bistecs redondos, que pasaremos primero por pan rallado, después por los huevos batidos, y otra vez por pan rallado; los freiremos en abundante aceite caliente. Los presentaremos a la mesa con las patatas peladas, cortadas a rodajas y fritas.

Carne con peras

(Carn amb peres)
Ingredientes:

800 gramos de tapaplana (tapaplana es la parte de la carne que se conoce generalmente como tapa)

400 gramos de peras

1 vasito de vino lleno de vino rancio

1 rebanada de pan frito

4 avellanas tostadas

2 tomates medianos

1 cebolla pequeña

1 cucharada sopera llena de pimentón rojo

Un poco de canela en polvo

Sal

100 gramos de manteca de cerdo

Agua

La carne estará en un sólo trozo el cual sazonaremos con sal, lo ataremos con hilo fino y lo pondremos a asar en una cazuela con la manteca de cerdo, sal, un poco de canela y el pimentón; cuando tome color, le añadiremos la cebolla, pequeña y cortada a trozos, y los tomates también trinchados. Rehogaremos todo junto unos 10 minutos, agregaremos un poco de agua y dejaremos que hierva hasta que el agua esté casi reducida. Retiraremos la carne, colaremos la salsa y haremos una picada con el pan frito y las avellanas. La echaremos a la salsa, incorporando a la vez las peras y el vino rancio. Si las peras son grandes, las partiremos en cuatro trozos y,

Ternera guisada a la catalana *(página 220)*

si son pequeñas, las dejaremos enteras; que toda cueza 30 minutos. Antes de servirlo a la mesa añadiremos la carne que habremos cortado a trozos después de quitarle el hilo.

Carne con peras y castañas

(Carn amb peres i castanyes)
Ingredientes:

1 1/2 kilo de carne de vaca (o buey)
cortada a trozos finos

1 copa de licor llena de
vino blanco seco

150 gramos de tomates frescos

1 cucharada sopera llena de harina

1/4 litro de aceite

1 diente de ajo

6 almendras tostadas

1 rebanada de pan frito

4 peras de ración cocidas enteras
y sin piel

16 castañas cocidas y peladas

Agua

Sal

En parte del aceite, puesto en una cazuela, al fuego, rehogaremos la carne, después de haberlo dado sal.

Echaremos el vino blanco en un cazo o pote, al fuego, y le añadiremos dos o tres cucharadas de aceite, el tomate pelado y reducido a puré en crudo, la harina y una picada que haremos majando el diente de ajo, las almendras y el pan frito; esto des-

leído en un poco de agua lo adicionaremos a la carne. Sirviéndola acompañada por las peras y las castañas.

Carne con trufas

(Carn amb tófones)
Ingredientes:

400 gramos de carne de
vaca o de buey, picada

400 gramos de carne
magra de cerdo, picada

50 gramos de jamón propio para guisar

2 huevos crudos

500 gramos de conejo

25 gramos de tocino

2 cucharadas soperas llenas de vinagre

1 vasito de vino, lleno de
vino blanco seco

1 cucharada sopera llenas de
pimentón rojo, dulce

Un poco de canela en polvo

50 gramos de mantequilla

1 vasito de vino lleno de jerez seco

5 trufas

50 gramos de «moixernons» (setas secas
que deben ponerse a remojo en agua
1/2 hora, antes de su utilización)

Sal

100 gramos de pan rallado

3 cucharadas soperas llenas de
manteca de cerdo

Uniremos bien las carnes picadas, el jamón, una de las trufas y los «moixernons»; lo pondremos en una fuente e incorporaremos el jerez, los huevos, el pimentón, así como canela y sal; lo mezclaremos todo perfectamente. La masa que resulta la rebozaremos por el pan rallado y la meteremos al horno en una fuente con la manteca de cerdo (a horno flojo). Vigilar mucho. Cuando esté fría, la cortaremos en trozos muy unidos, que parezca como si estuviese entera.

Procuraremos que el resto de las trufas tiernas sean de una misma medida, y las lavaremos bien; las herviremos con vino blanco y formaremos con ellas y la mantequilla una especie de pasta que incorporaremos a la carne a la hora de servir ésta a la mesa.

Carne de cerdo a la catalana

(Carn de porc a la catalana)
Ingredientes:

1 kilo de carne de cerdo
en un solo trozo

100 gramos de tocino fresco

2 cebollas

1 cabeza de ajo

1 tomate

1 rebanada de pan

1/2 vaso de agua de vino rancio

1 copa de licor, de coñac

3 cucharadas soperas llenas
de manteca de cerdo

1 hoja de laurel

Sal

Pimienta blanca en polvo

1 taza de desayuno llena
de agua o, mejor, caldo

Escogeremos perfectamente un trozo de carne que sea bien magro y lo mecharemos con el tocino cortado a tiras.

Pondemos la manteca en una cacerola al fuego, rehogaremos en ella la carne, añadiremos los ajos, las cebollas, los tomates (pelados y troceados), y lo dejaremos hacer durante 15 o 20 minutos. Añadiremos el vino, el coñac y un poco de agua o caldo. Cuando la carne esté casi hecha, incorporaremos la miga de pan. Taparemos la cacerola con un papel de plata y un plato con agua encima. Cuando la carne esté tierna, pasaremos la salsa por el chino; si está delgada le daremos un hervor a fuego vivo hasta que espese, y si está demasiado espesa la adelgazaremos con un poco de caldo o agua, rectificando de sal y pimienta, y la verteremos sobre la carne.

Carne de ternera con aceitunas

(Vedella amb olives)
Ingredientes:

800 gramos de carne de ternera

1 cebolla mediana

1 tomate mediano

Un poco de canela en polvo

Pimienta blanca en polvo

Sal

200 gramos de aceitunas verdes sin hueso

Agua

100 gramos de manteca de cerdo

La carne estará en un solo trozo y atada. La asaremos en una cazuela con la manteca, la cebolla, el tomate (ambos pelados y picados), sal, canela y pimienta. Cuando la carne esté ya dorada, le añadiremos un poco de agua y la dejaremos hacer hasta que embeba toda esa agua. Colaremos la salsa, le echaremos a continuación las aceitunas, previamente hervidas para que no estén saladas, y las dejaremos cocer 20 minutos. Cortaremos la carne en rodajas después de quitar la cuerda y la serviremos adornada con las aceitunas y la salsa que tengan éstas.

Carne de ternera con alubias

(Vedella amb mongetes)
Ingredientes:

800 gramos de carne de ternera

200 gramos de alubias blancas secas

100 gramos de tocino

100 gramos de butifarra «crua» (en la región catalana existen, por lo menos, tres clases fundamentales de butifarra: la blanca, la negra (ambas en forma de embutidos) y la «crua» que es como una salchicha blanca, pero mucho más gruesa)

1 lata de tomate frito

1 cucharada sopera llena de harina

3 zanahorias medianas

3 dientes de ajo

1 cebolla mediana

Un poco de orégano

Un poco de tomillo

Pimienta negra en polvo

Agua

100 gramos de manteca de cerdo

Sal

100 gramos de pan cortado en rebanadas finas como para sopa

Herviremos las judías (ya remojadas) junto con el tocino, cortado en dados, agua y sal. En una cazuela, que podamos presentar después a la mesa, echaremos la manteca de cerdo (o aceite) y la pondremos al fuego; cuando esté muy caliente, echaremos la carne, cortada en trozos, la cebolla bien pelada y trinchada, los ajos pelados y enteros y la harina. Cuando haya tomado color, añadiremos 4 cucharadas del tomate frito y 1/2 litro del caldo en que han hervido las judías, así como el tocino, un poco de tomillo, otro poco de orégano, las zanahorias peladas y cortadas a rodajas, las judías y un poquito de sal y pimienta. Alrededor de la cazuela irán trozos que habremos cortado de las butifarras. Procuraremos que el agua lo cubra todo, y lo introduciremos en el horno caliente 20 o 30 minutos.

Antes de servirlo (unos 10 minutos) le retiraremos las hierbas, echaremos por encima el pan tostado y picado, y lo meteremos de nuevo al horno hasta que se dore.

Carne magra de cerdo con ciruelas

(Carn magra de porc amb prunes)
Ingredientes:

4 filetes de carne magra
(un peso de 600-700 gramos)
250 gramos de ciruelas secas
50 gramos de piñones sin cáscara
1/2 cebolla
2 tomates medianos
1 diente de ajo, sal
Perejil fresco
1 taza de desayuno llena de aceite
1 vasito de vino lleno de agua

Freiremos la carne con sal en la sartén, al fuego; después la pasaremos a un plato y la reservaremos.

En el aceite de freír la carne, sofreiremos la cebolla y los tomates, ambos pelados y picados, el ajo y el perejil (también picados), y cuando esté hecho le agregaremos el vasito de agua.

Pasaremos la salsa por el pasapurés y la echaremos sobre la carne. Pondremos las ciruelas y piñones 10 minutos a remojo en un poco de agua hirviendo.

Dispondremos los filetes de cerdo en una cazuela junto con las ciruelas y piñones, bien escurridos, y le daremos un ligero hervor de 5 u 8 minutos.

Carne magra de cerdo con tomate

(Carn magra de porc amb tomaquet)
Ingredientes:

8 bistecs de carne magra con un peso total de 1 kilo, aproximadamente
Sal
2 tazas de desayuno llenas de salsa de tomate (Para hacerla consultar Capítulo SALSAS)
80 gramos de manteca de cerdo
1 vasito de vino, lleno de vino blanco seco

Echaremos la salsa de tomate en una cazuela de barro.

En la manteca de cerdo, al fuego en una sartén, freiremos la carne magra, con sal;

a medida que salgan de su fritura, los pondremos en la cazuela que contiene la salsa de tomate.

Cuando vayamos a servir la carne le añadiremos el vasito de vino blanco.

Nota:Carne magra es, en Cataluña, carne de cerdo.

Carne rellena

(Carn farcida)

Ingredientes:

700 gramos de «tall que es pela»

(se conoce en otras regiones como

«el redondo de la espalda») de ternera

100 gramos de carne magra de cerdo

80 gramos de jamón

2 huevos (uno crudo y el otro duro)

2 tomates medianos

1 cebolla mediana

5 zanahorias medianas

50 gramos de alcaparras

1 cucharada sopera llena de

pimentón rojo, dulce

Un poco de canela en polvo

1 trufa

Sal

100 gramos de manteca de cerdo

Agua

La carne, que estará en un trozo, la dispondremos en forma de bolsa. Picaremos la carne magra, el jamón, la trufa, las alcaparras y el huevo duro; lo uniremos todo

con el huevo crudo y sazonaremos con sal, pimentón y canela.

Rellenaremos con todo esto el trozo de carne y coseremos la abertura. En una cazuela, al fuego, con la manteca de cerdo, pondremos la carne para que se dore y le añadiremos la cebolla pelada y cortada a trozos, así como una de las zanahorias, pelada y cortada a discos. Dejaremos que se dore y añadiremos los tomates pelados y troceados, sal y agua que la cubra. Cocerá 40 o 60 minutos y, al retirar la carne, colaremos la salsa y echaremos el resto de las zanahorias cocidas al vapor y cortadas a discos en la cazuela, junto con la salsa colada.

La carne podemos presentarla entera (15 minutos antes de servirla la volveremos a poner a la cazuela, para que se caliente). Si la queremos cortada lo haremos en frío, después la calentaremos de nuevo y la mezclaremos con cuidado con las zanahorias, poco antes de servirla.

Lomo con judías *(página 203)*

«Cassoleta» de carne de cerdo

(Cassoleta de carn magra)
Ingredientes:

200 gramos de carne magra
150 gramos de costilla de cerdo
8 salchichas
500 gramos de conejo, cortado a trozos
8 higadillos de pollo
10 setas frescas
2 patatas medianas
1/2 guindilla
5 almendras tostadas
1 huevo crudo
3 dientes de ajo fresco
Perejil fresco
1/4 litro de aceite
Sal
Agua

Esta «cassoleta» es preferible hacerla en una cazuela de barro honda que tenga tapa. En ella echaremos el aceite, la pondremos al fuego y freiremos la carne magra ya cortada; después incorporaremos las costillas de cerdo (cortadas también a trozos), las salchichas y el conejo y, cuando tome todo un color dorado, agregaremos los higadillos de pollo, de que retiraremos 3 cuando estén fritos.

Pelaremos las patatas y las cortaremos a rodajas; arreglaremos las setas, las picaremos y echaremos, ambas cosas, en la cazuela de las carnes. Haremos una picada con los higadillos (que teníamos fritos), las almendras, la guindilla, un poco de perejil y los ajos; ligaremos todo con el huevo batido y 1 cucharada de agua y lo incorporaremos a las carnes, que se harán lentamente por espacio de unos 15 minutos en ese compuesto o salsa.

La «cassoleta», bien tapada, debe dejarse reposar 10 minutos antes de presentarla a la mesa; así el sabor es más exquisito.

Cazuela de carnes Montseny

(Cassola de carns Montseny)
Ingredientes:

4 chuletas de ternera
4 trozos de pollo
4 salchichas frescas
2 pies de cerdo hervidos y cortados en cuatro partes
200 gramos de conejo dividido en cuatro partes
200 gramos de lomo de cerdo en cuatro trozos
100 gramos de cebolla picada
1/4 kilo de nata fresca
1 copa de licor llena de coñac
Sal
Pimienta blanca en polvo
Perejil fresco
100 gramos de ciruelas
50 gramos de harina
1 taza de desayuno llena de aceite de oliva

Sazonaremos con sal y pimienta las carnes y las pasaremos por la harina. Pondremos una cazuela de barro al fuego con el aceite; cuando esté caliente, añadiremos las carnes y la cebolla, y rehogaremos todo hasta que quede dorado.

Flambearemos con el coñac, añadiremos la nata y las ciruelas y lo dejaremos cocer 15 minutos. Al servirlo lo espolvoreamos con perejil fresco muy picado.

Cerdo con nabos

(Porc amb naps)
Ingredientes:

250 gramos de carne de cerdo
250 gramos de hígado de cerdo
2 cebollas medianas
Perejil fresco
1 rebanada de pan
1 vasito pequeño de leche
Sal
Pimienta blanca en polvo
Nuez moscada
2 huevos crudos
Un poco de hierba mejorana
1/2 kilo de nabos
Agua
2 cucharadas soperas llenas de manteca de cerdo
1 cucharada sopera llena de mantequilla

Picaremos el hígado y la carne junto con una de las cebollas pelada y picada y un poco de perejil, así como el pan (empapado en la leche y bien exprimido). A la mezcla le añadiremos sal, pimienta, nuez moscada rallada, la hierba mejorana y los dos huevos.

Haremos hamburguesas redondas con lo picado y más bien gruesas, que dejaremos hervir durante 10 o 15 minutos en agua salada (que las cubra). Las hamburguesas las recubriremos con un sofrito a base de la manteca, mantequilla y cebolla picada.

Pelados y enteros los nabos, los coceremos en agua con sal.

Serviremos el plato caliente con los nabos alrededor cocidos y escurridos.

Chuletas al estilo del Ampurdán

(Llonzes a l´estil de L´Empordá)
Ingredientes:

4 buenas chuletas de vaca o de buey
300 gramos de setas
3 cucharadas soperas llenas de salsa de tomate
1 onza de chocolate
6 almendras tostadas
2 lonchas de jamón del Ampurdán
1 cebolla gorda
1 vasito de vino, lleno de vino blanco
150 gramos de manteca de cerdo
6 avellanas tostadas
1 taza de desayuno llena de caldo de carne
Sal, unas hebras de azafrán

191

Limpiaremos bien las chuletas de las partes duras y grasas, las sazonaremos ligeramente y friéndolas en la manteca de cerdo muy caliente hasta dorarlas. Las dejaremos en una cazuela de barro con el jamón partido en 4 trozos y pasado por la sartén, así como las setas limpias y asadas a la plancha.

En la misma sartén de freír las chuletas, retirando algo de grasa en caso de ser demasiada, rehogaremos la cebolla pelada y finamente picada, ya frita, sin llegar a quemarse, le añadiremos la salsa de tomate, el vasito de vino blanco, el chocolate rallado, y parte del caldo (que puede ser de cubitos) un majado de las avellanas, las almendras tostadas en unión de unas hebras de azafrán, todo desleído con otro poquito de caldo. Verteremos esta salsa sobre las chuletas, a las que daremos un hervor. Se sirven cubiertas por la salsa y muy calientes.

Chuletas de cerdo

(Llonzes de porc)
Ingredientes:

4 chuletas de cerdo
2 dientes de ajo
3 cucharadas soperas llenas de aceite
Perejil fresco
1 cucharada sopera llena de pimentón encarnado, dulce
Sal

Pelaremos y picaremos menudamente diente y medio de ajo, junto con unas ramas de perejil; lo dejaremos en un plato y añadiremos las tres cucharadas de aceite y el pi-

mentón, mezclándolo perfectamente.

Sazonaremos las chuletas pasándolas, una por una, por el preparado anterior y untándolas bien. Las colocaremos en una tartera impregnada de aceite y, 20 minutos antes de servirlas, las meteremos en el horno hasta que estén hechas, procurando que queden jugosas.

Chuletas de ternera a la parrilla

(Llonzes de vedella a la graella)
Ingredientes:

4 chuletas de 200 gramos cada una de peso
1/4 litro de aceite
Sal
Vinagre
1 lechuga

Aplastaremos un poco las chuletas, les daremos un poco de sal las dejaremos en un plato y las regaremos con un poco de aceite.

Haremos las chuletas sobre las brasas, a la parrilla, unos 9 minutos por cada lado, dándoles vueltas continuamente, y las serviremos con la lechuga preparada en ensalada y arreglada con aceite, sal y vinagre.

Aconsejamos que para obtener éxito en todo lo que se haga a la parrilla conviene que las brasas (si es leña o carbón vegetal) estén al rojo vivo, y los barrotes de la parrilla siempre muy calientes (evitar el contacto directo con la llama de gas o de carbón).

El tiempo de asado dependerá de que se quiera la carne más o menos pasada.

Cordero estofado

(Anyell estofat)
Ingredientes:

1 1/2 kilo de cordero cortado en trozos

100 gramos de tocino cortado a tiras

1 cebolla gorda

2 dientes de ajo

2 tomates medianos

1 vaso lleno de agua

1 vaso lleno de vino blanco

2 cucharadas soperas llenas de vinagre

Sal

Pimienta blanca en polvo

Agua

4 triángulos (o redondos) de pan frito

3 cucharadas soperas llenas de aceite

Pondremos los trozos de cordero en un puchero de barro hondo al fuego con el aceite, las tiras de tocino, la cebolla pelada y cortada, los dientes de ajo y los tomates, pelados y cortados. Añadiremos un vaso lleno de agua, el de vino blanco y el vinagre. Sazonaremos con sal y un poco de pimienta y taparemos el puchero, poniendo debajo de la tapadera un paño mojado y doblado en varios dobleces (esto no es necesario hacerlo). Dejaremos que cueza a fuego lento 2 horas, retiraremos después los trozos de cordero a una fuente caliente y colaremos la salsa (si estuviera espesa, le añadiremos un poco de agua). Lo dejare-

mos hervir un momento, lo incorporamos al cordero y rodeamos éste por los trozos de pan frito.

Costilla de vaca con patatas y setas

(Costella de bou amb patates i bollets)
Ingredientes:

8 costillas de vaca

1 cucharada sopera llenas de pimentón rojo dulce

1 limón

2 dientes de ajo

Perejil fresco

1 taza de desayuno llena de aceite

200 gramos de manteca de cerdo

250 gramos de setas

6 patatas

1 cebolla

Prepararemos las costillas quitándoles las pieles y las dejaremos en un plato hondo con el pimentón, el zumo del limón, sal, un poco de ajo picado y perejil también picado, así como un chorro de aceite. En esta maceración estarán de 60 a 65 minutos.

En una sartén, al fuego, con la manteca de cerdo haremos la carne un poco; antes de que llegue el momento de servirla, le incorporaremos el jugo de la marinada en la que había estado.

Podemos acompañar esta carne con las patatas pequeñitas y rodearla de las setas, todo frito en la sartén con manteca de

CARNES

cerdo y 1/2 cebolla triturada. Cuando la cebolla esté rubia, le añadiremos 1 diente de ajo y perejil picado.

Dispondremos patatas y setas alrededor de la carne.

Costillas de cordero
a la brasa

(Costelles de xai a la brasa)
Ingredientes:

1 1/4 kilo de costillas de cordero

1 taza de desayuno llena de aceite

Sal

Aplanaremos bien las costillas, limpias de pieles y nervios, las untaremos con el aceite, las espolvorearemos de sal y las colocaremos en una parrilla o plancha con fuego de brasa bien encendida (a falta de este tipo de fuego podemos hacerlas con gas o con electricidad). Les daremos vueltas continuamente hasta que se asen y doren bien por ambos lados.

Podemos servirlas acompañadas con una ensalada fresca de lechuga y tomate o bien con patatas fritas.

Costillas de cordero
lechal al estilo de Olot

(Costelles de xai de llet
a l'estil d'Olot)
Ingredientes:

16 costillas de cordero lechal

150 gramos de tocino (cansalada) cortado a tiras finas

300 gramos de tocino cortado a modo de filetes o bistecs finos (deben salir 32 unidades)

Un manojo compuesto por: perejil fresco, laurel y tomillo

Sal

Pimienta blanca en polvo

2 cucharadas soperas llenas de aceite

80 gramos de manteca de cerdo

1 taza de desayuno llena de caldo de carne

Aplanadas las costillas, las mecharemos con las tiras de tocino, las pondremos en un plato y las cubriremos con el aceite; así permanecerán 30 o 35 minutos.

Pasado dicho tiempo envolveremos cada costilla en dos filetes o bistecs de tocino y las ataremos, una a una, y la colocaremos en una cazuela junto con la manteca, el manojo atado de hierbas, sal, pimienta y el caldo de carne; dejaremos que se hagan poco a poco (de 20 a 30 minutos). Una vez hechas, les cortaremos los hilos, teniendo cuidado de que el tocino quede pegado a ellas, y las serviremos calientes.

«Cassoleta» de carne de cerdo *(página 190)*

Costillas de cordero o cabrito, asadas con alioli

(Costella d´anyell o de cabrit a la brasa amb allioli)
Ingredientes:

1 1/2 kilo de costillas de
cordero o cabrito

1 taza de desayuno llena de salsa alioli
(Para hacerla consultar
Capítulo SALSAS)

1 taza de desayuno llena de aceite

Sal

Sazonaremos las costillas, bien limpias y aplanadas, y las untaremos con aceite; las colocaremos sobre la parrilla caliente bien untada a su vez de aceite. Las doraremos por ambos lados.

Deberemos servirlas seguidamente y lo más calientes posible, acompañadas con la salsa alioli presentada en salsera aparte.

Costillas de ternera con ajo

(Costelles de vedella amb all)
Ingredientes:

4 costillas

3 dientes de ajo

Sal

100 gramos de manteca de cerdo

Perejil fresco

50 gramos de pan

Patatas

Escogeremos costillas de las llamadas principales, que sean gordas las redondearemos con el cuchillo y las freiremos junto con los ajos, salpicándolas con sal fina y untándolas con un poco de manteca de cerdo. Picaremos muy menudo el perejil, rallaremos la miga de pan, y, después de unirlo bien, envolveremos en ello las chuletas, que asaremos a la parrilla, a fuego muy vivo, durante 15 minutos. Cuando el pan esté dorado es señal de que ya están hechas. Las serviremos con las patatas peladas, cortadas alargadas y fritas en el resto de la manteca.

Escalopes de ternera mechados

(Escalopes de vedella encatxonades)
Ingredientes:

700 gramos de filetes de ternera
(de la babilla o cadera y
cortados un poco gruesos)

125 gramos de jamón o
tocino de jamón

2 tazas de desayuno llenas de harina

100 gramos de manteca de cerdo

1 taza de desayuno llena
de caldo de carne

2 zanahorias medianas

8 cebollitas

1/2 vaso de agua lleno
de vino blanco seco

Sal

Cortaremos el jamón o el tocino a tiras y mecharemos con él los filetes, que sazonaremos ligeramente y pasaremos por harina. Los doraremos en una sartén, al fuego, con tres cucharadas de manteca de cerdo y, a medida que estén hechos, los colocaremos en una cazuela.

En la manteca de la fritura (añadiremos más si es preciso) doraremos dos cucharadas de harina, le añadiremos el caldo y lo dejaremos hervir un rato. Pasaremos esta salsa por el colador chino y la verteremos sobre los filetes, a los que añadiremos las zanahorias peladas y cortadas en rodajas, las cebollitas pequeñitas, peladas y enteras, y el vino blanco; lo dejaremos hacer lentamente hasta que todo esté tierno. Probaremos si está bien de sal.

Serviremos los filetes junto con su salsa.

Espalda de cordero rellena

(Espatlla d'anyell farcida)
Ingredientes:

1 espalda de cordero de 1 1/2 kilo
de peso, entera

300 gramos de carne picada de cerdo

2 dientes de ajo

100 gramos de manteca de cerdo

Perejil fresco

1/4 litro de vino blanco

2 tazas de desayuno de puré
de patata espeso

Nuez moscada

Pimienta blanca en polvo

Sal y agua

Deshuesaremos la espalda, la aplanaremos con el machete y la rellenaremos con la carne picada, a la cual habremos añadido los ajos pelados y picados y perejil, el huevo batido y un poco de vino blanco (de buena calidad). Enrollaremos, ataremos la carne y la sazonaremos con sal y pimienta y unas raspaduras de nuez moscada. La pondremos en una fuente de horno en cuyo fondo irán tres cucharadas de agua, rociaremos con la manteca fundida (o aceite) y la introduciremos a horno fuerte. Pasados 15 minutos le daremos la vuelta, y cada 5 minutos la bañaremos con su jugo, dejándola en el horno unos 45 o 60 minutos.

Ya hecha y retirado su atado, la trincharemos a rodajas.

Echaremos un vaso de agua al jugo del vino blanco (hervirá por espacio de 5 minutos a fuego fuerte). Con ello bañaremos la carne que presentamos a la mesa con el puré espeso de patata.

Estofado de ternera

(Estofat de vedella)
Ingredientes:

800 gramos de carne de
ternera de la cadera

50 gramos de manteca de cerdo

2 zanahorias pequeñas

2 cebollas pequeñas

1 cucharada sopera llena de harina

1 diente de ajo

1 pastilla de hacer caldo

1/2 litro de agua

1 vasito de vino, lleno de vino tinto

Sal

Partiremos la carne a trozos regulares, que rehogaremos en la manteca puesta en una cazuela al fuego; agregaremos el diente de ajo, las zanahorias y las cebollas (ambas peladas y cortadas finamente) y un poco de sal.

Una vez que todo haya tomado color dorado, lo espolvorearemos con la harina, le añadiremos el caldo hecho con el agua y la pastilla, y el vasito de vino tinto. Si cocinamos este plato en la cazuela tardará 1 hora,

y si se cocina en la olla exprés tardará 30 minutos.

Podemos aumentarlo con patatas.

Filetes de ternera con champiñones

(Filets de vedella amb xampinyons)
Ingredientes:

4 filetes de tapa de ternera

1/4 kilo de champiñones

1 copita de licor llena de jerez

1 cucharita de café llena de harina

Pimienta blanca en polvo

1 vaso de agua lleno de aceite

Sal

Agua o caldo de carne

Freiremos los filetes en el aceite caliente; ya fritos, los sazonaremos con sal y pimienta, los pondremos en una fuente y los reservaremos al calor.

En el mismo aceite de freír la carne rehogaremos los champiñones limpios y partidos a trozos, los espolvorearemos con la harina, rehogaremos ésta y añadiremos la copa de jerez seco y un poquito de agua o caldo; sazonaremos esta salsa, dejándola en el fuego un momento y la dejaremos sobre los filetes, que serviremos a continuación muy calientes.

Fricandó casero de ternera

(Fricandó casolá de vedella)
Ingredientes:

800 gramos de carne de ternera en
un solo trozo (babilla o tapa)

100 gramos de tocino cortado a tiras

100 gramos de manteca de cerdo

2 cebolletas

2 dientes de ajo

Perejil fresco

1 vaso de agua lleno de
vino blanco seco

1 limón

50 gramos de aceitunas verdes

Sal

Mecharemos la ternera con el tocino y la pondremos en una cazuela, al fuego, con la manteca, sal, las cebolletas, los ajos (pelados y cortados) y perejil picado. Cuando haya tomado color lo cubriremos con el vino blanco y lo meteremos al horno para que termine de hacerse (de 50 a 75 minutos).

Lo serviremos cortado y adornado con las aceitunas y ruedas de limón.

Fricandó de vaca

(Fricandó de bou)
Ingredientes:

1 1/2 kilos de carne de vaca (o buey)

1 cabeza de ajos

Un poco de tomillo

Perejil fresco

1/2 hoja de laurel

1 vasito de vino, lleno de vino rancio

8 almendras tostadas

1 cebolla gorda

2 tomates medianos

300 gramos de champiñones de lata

2 tazas de desayuno llenas de aceite

Sal

2 cucharadas soperas llenas de harina

Agua

Partiremos la carne a trozos grandes, unos doce en total, y que sazonaremos con sal y pasaremos por la harina; los freiremos en el aceite muy caliente; ya fritos, los pasaremos a una cazuela de barro.

En el mismo aceite de freír la carne, rehogaremos la cebolla pelada y picada, los ajos (reservando dos) y el tomate, ambos pelados y limpios, así como un ramito compuesto por el laurel, tomillo y perejil; verteremos esta salsa sobre la cazuela que contiene la carne y la rociaremos con el vasito de vino rancio y un poco de agua. Lo dejaremos hacer, a fuego lento, 1 hora aproximadamente, añadiendo en ese punto los champiñones (o cualquier otra clase de setas limpias) partidos en pedazos, y también una picada preparada en el mortero

199

con los ajos reservados, las almendras tostadas y un poco de perejil, a lo que mezclaremos un poco de agua o caldo. Rectificaremos de sal y seguiremos la cocción unos 30 o 35 minutos.

Serviremos el fricandó en la misma cazuela, después de retirar el ramito de las hierbas. Podemos acompañarlo con triángulos de pan frito. Este plato podemos hacerlo en la olla exprés.

Fricandó mediterráneo

(Fricandó mediterrani)
Ingredientes:

800 gramos de carne de ternera

(espalda o lomo bajo) cortada a trozos

1 taza de desayuno llena de harina

1 taza de desayuno llena de aceite

Sal

100 gramos de cebolla picada

1 cucharada sopera llena de

manteca de cerdo

1 diente de ajo picado

100 gramos de tomates pelados

y picados en crudo

2 cucharadas soperas llenas de agua

Daremos sal a la carne, la pasaremos por la harina y la freiremos en el aceite, puesto al fuego en una sartén. A medida que esté frita la dejaremos en una cazuela y en el aceite sobrante, y en la misma sartén, freiremos la cebolla, el ajo y el tomate y añadiremos la manteca. Le agregaremos el agua y la sal, y lo incorporaremos a la

cazuela de la carne tal como está, o bien pasándolo por el chino.

Podemos mezclar a esta salsa unos guisantes cocidos o de lata, o bien unas setas secas (previamente remojadas).

Guisado de carnero con berenjenas

(Guisat de moltó amb albergintes)
Ingredientes:

800 gramos de espalda de

carnero cortada a trozos

2 cebollas medianas

4 berenjenas medianas

100 gramos de manteca de cerdo

300 gramos de tomates frescos

4 dientes de ajo

1/2 hoja de laurel

Un poco de tomillo

Perejil fresco

1 vasito de vino, lleno de vino blanco

100 gramos de harina

1/2 litro de aceite

Un poco de orégano

Agua

Sal

Nuez moscada

Pondremos en una cacerola, a fuego vivo, la manteca y, cuando esté caliente, le añadiremos la carne, la rehogaremos perfectamente; pasados unos 10 minutos, incorporaremos las cebollas trinchadas fina-

Costillas de vaca con patatas y setas *(página 193)*

mente, siguiendo el rehogo hasta que tomen color dorado; seguidamente, incorporaremos los ajos picados, una cucharadita de harina, el vino blanco y el tomate mondado y trinchado, y adicionaremos el cuarto de litro de agua. Sazonaremos con sal, pimienta y nuez moscada rallada, añadiendo un ramito atado compuesto por el laurel, tomillo, perejil y orégano. Lo haremos tapado y, a fuego lento, hasta que la carne esté tierna.

Las berenjenas, una vez peladas, las cortaremos a rodajas, las sazonaremos con sal, las pasaremos por el resto de la harina y las freiremos en el aceite, procurando que se doren; hechas y escurridas, las incorporaremos a la carne unos 20 minutos antes de dar por terminada su cocción.

Jarrete con cebollitas

(Jarret de vedella)
Ingredientes:

1 kilo de jarrete con hueso
3 zanahorias medianas
1 taza de desayuno llena de salsa de tomate (Para hacerla consultar Capítulo SALSAS)
1 vasito de vino lleno de vino blanco seco
2 docenas de cebollitas pequeñas
2 dientes de ajo
Piel de naranja o limón rallada
3 cucharadas soperas llenas de harina
Perejil fresco
Pimienta blanca en polvo
1 taza de desayuno llena de sal
Pimienta negra en polvo
Agua

Partiremos o haremos partir la carne a trozos gruesos, los pasaremos por la harina y los doraremos en una cazuela al fuego con el aceite caliente. Sazonaremos con sal y pimienta, y añadiremos las zanahorias ralladas y el vino; lo dejaremos reducir para después añadir el tomate, un tazón de agua y las cebollitas peladas y enteras. Lo dejaremos hacer tapado a fuego lento hasta que la carne esté tierna. Rectificaremos de sal, ya que las cebollitas son un poco dulces, y, en caso de ser necesario, añadiremos un poco más de agua, y la piel de naranja o limón rallada que se mezclará con los ajos y el perejil todo picado y machacado en el mortero.

La carne alcanzará su punto dependiendo de su calidad (si es ternera es suficiente con 1 1/2 horas y si es más hecha unas 2 horas); la pasaremos a una fuente y la serviremos muy caliente y rodeada de las cebollitas.

Lomo con judías

(Llom amb mongetes)
Ingredientes:

8 rodajas de lomo fresco

500 gramos de judías
blancas ya cocidas

80 gramos de manteca de cerdo

Sal

2 cucharadas soperas
llenas de perejil picado

Una vez sazonadas las rodajas de lomo, procederemos a freírlas en la manteca caliente, puesta al fuego en una sartén. A medida que estén hechas las dejaremos en una fuente. Rehogaremos las judías cocidas en la grasa que nos ha quedado de la carne, uniremos ambas cosas y cubriremos todo con el perejil picado.

(Según recomienda una vieja receta, con las judías solían revolverse unos cuantos chicharrones. Es conveniente, antes de poner las judías, quitar el lomo de la sartén, que se vuelve a poner cuando están cocidas aquéllas, para que esté muy caliente).

Lomo de cerdo a la sal

(Llom de porc a la sal)
Ingredientes:

1 1/2 kilo de lomo

300 o 400 gramos de sal gruesa

Agua

Humedeceremos la sal con un poquito de agua para que quede más unida y, en una fuente de horno, colocaremos una gruesa capa de sal, encima de ésta el lomo, cubriéndolo por todos los lados con más sal. Introduciremos el lomo en el horno, medio fuerte, hasta que la sal, que formará una corteza, se abra.

Retirado del horno, le quitaremos la sal al lomo y lo cortaremos en lonchas que dispondremos en una fuente.

Podemos acompañarlo con alcachofas, guisantes o cualquier guarnición de verduras. También suele servirse adornando con tiras de pimiento asado o unas patatas paja.

Lomo relleno

(Llom farcit)

Ingredientes:

1 kilo de lomo de cerdo en un trozo

Perejil fresco

1 diente de ajo

1 cebolla mediana

2 cucharadas soperas llenas
de pan rallado

2 limones

25 gramos de mantequilla

1 cucharada sopera llena
de manteca de cerdo

Limpiaremos de grasa el lomo y le haremos unas incisiones al través para formarle al sesgo una especie de bolsitas que rellenaremos con un picadillo hecho con perejil, el ajo y la cebolla pelados y muy picados a los que mezclaremos el pan rallado, la mantequilla, el zumo de uno de los limones colado y sal.

Tomaremos entonces el lomo, apretando bien el relleno dentro de él y lo colocaremos en un papel de estraza, engrasado con la manteca. Envuelto, lo ataremos y lo asaremos a la plancha o a la parrilla para servirlo, libre de papel, cuando esté asado, adornado con las ruedas del otro limón.

Podemos hacerlo al horno.

Medallones al estilo del Ampurdán

(Medallons a l'estil de l'Empordá)

Ingredientes:

600 gramos de «tall rodó»

(«tall rodó» es el redondo)

100 gramos de carne picada de cerdo

100 gramos de tela de tocino

400 gramos de setas frescas

1 zanahoria mediana

1 cebolla mediana

1 huevo crudo

2 dientes de ajo

1 copita de licor llena de jerez seco

200 gramos de pan

Un poco de miga de pan fresco rallado

1 hojita de laurel

Un poco de tomillo

100 gramos de manteca de cerdo

Sal

Pimienta blanca en polvo

Nuez moscada

1 trufa

Caldo de carne o agua

Empezaremos por hacer 4 filetes o rodajas gruesas del redondo a las que quitaremos las pieles y tendones, las aplanaremos ligeramente y las sazonaremos con sal. Cortaremos la corteza del pan en forma de disco de 1 centímetro de grosor por 5 de diámetro, más o menos, y la freiremos con la mitad de la manteca.

Mezclaremos la carne de cerdo picada con la yema de huevo, la trufa y la miga de pan rallada, sazonaremos con sal, pimienta y nuez moscada; pondremos una cucharada de este picadillo encima de cada rodaja de carne y envolviéndola con un trozo de tela de tocino, que ya tendremos remojada con agua tibia.

Peladas la zanahoria y la cebolla, las cortaremos a trozos pequeños y los rehogaremos en una fuente de horno con la manteca restante y añadiremos la carne. Seguidamente lo meteremos en el horno, y, cuando haya tomado un color dorado, añadiremos el jerez, un poco de agua o caldo, el laurel, tomillo y los ajos pelados y picados. Sazonaremos con sal y lo asaremos a fuego lento por espacio de 40 o 50 minutos. Pasaremos la carne a una cazuela que pondremos al fuego. La cazuela ha de estar bien tapada y, mediada su cocción, le agregaremos las setas, bien lavadas y escurridas.

Cortaremos el pan en discos y, después de fritos, los pondremos en una fuente, encima de ellos irá la carne, y alrededor las setas. Cubriremos con la salsa, que previamente habremos pasado por un colador o chino.

Parrillada de carne

(Graellada de carn)

Ingredientes:

---

4 filetes de ternera de
150 gramos de cada uno

4 filetes de carne magra
de cerdo de igual peso

4 trozos de hígado de ternera
de igual peso

1 taza de desayuno llena de aceite fino

Sal

2 limones

Prepararemos los filetes de ternera, carne magra e hígado con un poco de sal, los rehogaremos con el aceite y los dejaremos que se hagan bien a la parrilla. Los serviremos con los limones cortados por la mitad.

El mejor fuego es sin duda la brasa del carbón vegetal.

Si utilizamos gas o electricidad, es preferible emplear la parrilla cerrada, a modo de sartén.

La parrilla debe estar siempre muy caliente, pues de lo contrario la carne se pegará. Esto es importante recordarlo al hacer parrilladas de cualquier clase de carne.

Parrillada de carnero

(Graellada de multó)
Ingredientes:

4 chuletas de carnero

600 gramos de riñones de carnero

4 salchichas de cerdo

4 tomates gordos

80 gramos de mantequilla

Sal

2 cucharadas soperas llenas de aceite

Pimienta blanca en polvo

100 gramos de patatas paja

Quitaremos la piel que recubre los riñones y los partiremos por la mitad a lo largo, sin separarlos del todo, los sazonaremos con sal y pimienta y lo asaremos a las parrillas calientes a fuego moderado durante 5 minutos. Asaremos de igual forma las chuletas de carnero, las salchichas y los tomates, regando todo con el aceite. Serviremos la parrillada de carnero muy caliente con las patatas paja y después de poner un trocito de mantequilla fresca sobre cada riñón y cada chuleta.

Pecho de cordero con berenjenas

(Pit d´anyell amb albergintes)
Ingredientes:

1 kilo de pecho de cordero

1 cebolla mediana

2 berenjenas medianas

50 gramos de manteca de cerdo

1 lata de tomate frito

1 vaso de vino lleno de vino blanco seco

1 taza de desayuno llena de aceite

Sal

1 cucharadita de café llena de harina

1 hoja de laurel

Perejil fresco

Pondremos en una cazuela la manteca y, cuando esté caliente, incorporaremos la carne cortada a trozos, rehogaremos bien y, en cuanto esté un poco dorada, le añadiremos la cebolla pelada y picada y la dejamos freír, junto con la cucharadita de harina, el vino blanco, el tomate frito, el agua, el laurel, un poco de perejil picado y sal, que se haga todo a fuego lento.

Aparte freiremos las berenjenas en el aceite y las serviremos como guarnición con el plato de cordero.

Carne con peras y castañas *(página 184)*

Pierna de cordero rellena

(Cuixa d'anyell farcida)
Ingredientes:

1 pierna de cordero de 1400
gramos de peso

100 gramos de manteca de cerdo

1 cebolla mediana

1 copita de licor llena de jerez seco

2 tomates medianos

100 gramos de carne magra de cerdo

6 patatas medianas

2 huevos crudos

1 trufa grande

8 alcachofas medianas

1 limón

1 decilitro de aceite

400 gramos de guisantes
cocidos o de lata

50 gramos de mantequilla

100 gramos de pan rallado

50 gramos de champiñones de lata

Sal

Nuez moscada

Pimienta blanca en polvo

Agua

1 vasito de vino, lleno
de caldo de carne

Cortaremos la pierna de cordero en toda su longitud y le extraeremos el hueso. Cortaremos aproximadamente unos 100 gramos de carne del interior de la misma y la aplanaremos bien con un cuchillo. Sazonaremos con sal y pimienta.

Picaremos o tincharemos la carne magra de cerdo junto con la retirada del cordero, la mezclaremos bien con los huevos, el pan rallado, la mitad de la trufa trinchada y los champiñones, cortados a trozos. Sazonaremos con sal, pimienta y nuez moscada y lo uniremos bien.

Este picadillo lo colocaremos en el interior de la pierna de cordero para rellenar ésta, la cerraremos y sujetaremos con cordel fino.

Prepararemos una fuente de horno con la manteca de cerdo y la cebolla pelada y cortada a trozos sobre los cuales irá la pierna de cordero. Introduciremos en el horno la fuente hasta que tome color dorado y, seguidamente, añadiremos el jerez y los tomates partidos por la mitad, sazonaremos con sal y asaremos la carne lentamente (tapada), durante 2 horas. Mediada la cocción le agregaremos el vaso lleno de caldo.

Peladas las patatas, las cortaremos a trozos y las coceremos con agua y sal; hechas y escurridas, las pasaremos por un tamiz, y les mezclaremos 25 gramos de mantequilla y una yema de huevo crudo. Sazonaremos con sal, pimienta y nuez moscada rallada, y después la echaremos en una manga con boquilla rizada y formaremos encima de una placa de pastelero unas pequeñas pirámides, que se introducirán en el horno hasta que tomen un color dorado.

Arregladas y desprovistas las alcachofas de las hojas más duras, tornearemos sus fondos y las cortaremos unos 3 centímetros de altura, las vaciaremos dándoles la forma de una cazuelita. A medida que vayamos preparándolas, las frotaremos con limón y las dejaremos en un recipiente en el que habrá como 1/4 de litro de agua y el zumo colado del otro limón. Echaremos sal y el aceite.

Las coceremos lentamente, tapadas, por espacio de 25 o 30 minutos.

Pasaremos los guisantes por un tamiz, y mezclaremos con ellos el resto de la mantequilla.

Ya hecho el cordero lo presentaremos sin su cordel y cortado en rodajas de un centímetro de grueso, que colocaremos en una fuente ovalada, lo rodearemos con las patatas, intercaladas con los fondos de alcachofas llenos de puré de guisantes, y dispondremos en el centro de cada una de éstas un disco de trufa.

Colada la grasa de haber hecho la carne, le añadiremos un poco de agua, daremos un ligero hervor y la pasaremos por un colador sobre la carne, que serviremos muy caliente a la mesa.

Pierna de vaca braseada

(Peza de bou brasada)

Ingredientes:

1 1/2 kilos de carne de vaca
de la pierna, es un solo trozo

100 gramos de tocino

100 gramos de jamón

100 gramos de cortezas de tocino

1 cabeza de ajos

Un poco de tomillo

1/2 hoja de laurel

Un poco de orégano

Un poco de albahaca

Pimienta en grano

Un poco de canela en polvo

4 cebollas medianas

Perejil fresco

1 zanahoria mediana

3 tomates pequeños

1 copa de licor llena de aguardiente

1 vaso de agua, lleno de vino tinto

Un poco de azúcar

Sal

Guarnición de verduras: judías verdes,
patatas y setas

100 gramos de butifarra blanca

100 gramos de butifarra negra

1 vaso de agua lleno de aceite

Mecharemos la pieza de vaca con el tocino y el jamón, la pondremos en una cazuela al fuego con la manteca y le añadiremos las cortezas de tocino, la cabeza de ajos, el tomillo, el laurel, el orégano, un poco de albahaca, pimienta en grano, un poco de canela, las cebollas peladas y cortadas, perejil picado y la zanahoria pelada y cortada a discos.

Cuando todo esté rehogado, añadiremos los tomates pelados y picados, sal, el vino tinto y la copa de aguardiente; cuando el vino esté reducido, incorporaremos un poco de agua y sal. Dejaremos que se haga hasta que la carne esté tierna; en ese punto la retiraremos del fuego. Desengrasaremos la salsa que pasaremos por el chino sobre la carne, con sólo la mitad de la cabeza de ajos.

Una vez que la salsa haya reposado unos 10 minutos, la pondremos de nuevo al fuego, le daremos un hervor y la espumaremos bien.

Prepararemos la guarnición a base de: judías verdes cortadas a trozos, cocidas y salteadas con manteca y jamón; patatas torneadas en forma de patatitas nuevas, doradas con manteca; setas pequeñas asadas a la parrilla, con aceite, pan rallado, ajo y perejil mezclado; y los trozos de butifarra blanca y de butifarra negra (ambas fritas en el aceite).

Cortaremos la carne y la serviremos cada en el centro de una fuente grande. A su alrededor, y separadas, irán las cuatro guarniciones que hemos mencionado.

Salpicaremos con la salsa y guardaremos el resto de ésta para servir en salsera aparte.

Platillo de cordero a la catalana

(Platillo d´anyell a la catalana)
Ingredientes:

---

800 gramos de cordero cortado a trozos

80 gramos de manteca de cerdo

1 cebolla gorda

Ramillete de hierbas atadas compuesto por: un poco de apio, un poco de tomillo, 1 hoja de laurel y un poco de orégano

2 tomates medianos

Sal

Pimienta blanca en polvo

1 cucharada pequeña de canela en polvo

1 clavo de especia

Agua

400 gramos de guisantes muy tiernos

Perejil fresco

Una picada compuesta por 4 avellanas, 4 almendras, 6 piñones y 1 diente de ajo

400 gramos de patatas

Rehogaremos en una cazuela puesta al fuego la manteca de cerdo, añadiremos la cebolla, picada y trinchada, y el ramillete atado.

Así que todo esté muy dorado, le mezclaremos los tomates pelados y trinchados, sal, pimienta, canela y el clavo; espolvorearemos después con la harina y lo dejaremos para que se fría por un igual. Añadiremos un poco de agua hasta cubrir bien la carne, que hervirá muy poco a poco.

A la mitad de su cocción, le incorporaremos los guisantes y las patatas, peladas y cortadas a cuadros pequeños. Majaremos en el mortero las avellanas, almendras, piñones y el diente de ajo, y lo echaremos a la cazuela, con un poco más de agua si es necesario.

Dejaremos que cueza, poco a poco, hasta que la carne esté tierna.

Redondo de vaca con mantequilla

(Tall rodó de bou amb mantega)
Ingredientes:

1 tajo redondo de vaca de aproximadamente 1 kilo de peso

150 gramos de mantequilla

2 zanahorias medianas

2 cebollas medianas

Sal

Pimienta blanca en polvo

Perejil fresco

Un poco de tomillo

1/2 hoja de laurel

1 vaso de agua lleno de vino blanco seco

1 cucharón de caldo de carne

Guarnición de verduras al gusto

Rehogaremos la carne, atada, en una marmita donde habremos derretido la man-tequilla. Una vez bien dorada por todos lados, le añadiremos las zanahorias y las cebollas, ambas peladas y cortadas a trozos. Condimentaremos con sal y pimienta, añadiremos un poco de perejil picado, el tomillo y el laurel. Regaremos la carne con el vino blanco seco y luego con un cucharón de buen caldo.

Una vez que haya roto el hervor, taparemos la marmita y la meteremos en el horno, donde estará diez minutos por cada 400 gramos de peso. La carne aparecerá jugosa, delicadamente perfumada y fácil de cortar, pues no tiene costra como la carne asada al horno.

Después de cortada, la dispondremos en una fuente caliente, rodeada de la guarnición elegida que pueden ser verduras como judías, guisantes, zanahorias, patatas o coliflor, que habremos cocido aparte en agua hirviendo salada y luego escurrido y salteado en mantequilla.

Desgrasada la salsa y colada, la serviremos en salsera aparte.

Solomillo a la pimienta

(Filet amb pebre)
Ingredientes:

1 kilo de solomillo de vaco o
buey en un solo trozo

Sal

2 dientes de ajo

Pimienta blanca en polvo

Perejil fresco

1/2 cebolla

6 cebolletas tiernas

2 cucharadas soperas llenas de harina

100 gramos de manteca de cerdo

2 cucharadas soperas llenas de vinagre

Caldo de carne

En una cazuela al fuego pondremos el trozo de solomillo pasado por la harina, sal, la manteca, la cebolla pelada y cortada a rodajas y las cebolletas nuevas peladas, y enteras así como el vinagre. Tapado lo dejaremos que cueza a fuego lento. Cuando esté dorado, echaremos el caldo, los ajos picados, bastante pimienta y perejil trinchado. Hemos de procurar que se haga a fuego moderado, pues así se formará un jugo sabroso. El solomillo se servirá a la mesa cortado a rodajas.

Solomillos de buey a caballo

(Filets de bou a cavall)
Ingredientes:

4 filetes de solomillo, de un peso
cada uno de 150 gramos

100 gramos de mantequilla

4 costrones de pan frito

4 huevos crudos

1 lata pequeña de foie-gras

1 limón

Pimienta blanca en polvo

1/4 litro de aceite

Sal

Aplastaremos ligeramente los solomillos, los dejaremos en un plato, uno al lado del otro, y los rociaremos con unas gotas de aceite y otras de zumo de limón; reposarán 10 minutos.

Pasado dicho tiempo, los sazonaremos con sal y un poco de pimienta.

En una sartén al fuego echaremos la mitad de la mantequilla y un poco de aceite; cuando esté caliente, doraremos en ella, a fuego vivo, los filetes por ambos lados. Mientras tanto, y en otra sartén con aceite, iremos friendo los huevos uno a uno, echándoles un poco de sal.

En una fuente (o en platos individuales) pondremos los costrones de pan frito ligeramente untados con el foie-gras y, sobre ellos, iremos colocando los filetes ya fritos; sobre éstos irán los huevos. Cuando esté todo dispuesto, calentaremos el resto de la mantequilla en la sartén hasta que la vea-

Ternera con salsa de almendras *(página 218)*

mos dorada, y la verteremos sobre los huevos, repartiéndola por un igual. Los serviremos inmediatamente a la mesa.

Solomillos de buey al horno

(Filets de bou al forn)
Ingredientes:

600 gramos de filete (así se llama, en la región catalana, al solomillo) de buey

8 cucharadas soperas llenas de aceite

Sal

250 gramos de champiñones frescos o de lata

50 gramos de manteca de cerdo

2 cebollas medianas

2 cucharadas soperas llenas de harina

1 vaso de agua lleno de leche

1 vaso de agua lleno de caldo de carne

1 cucharada sopera llena de pan rallado

Agua

Cortaremos el filete (solomillo) en 4 bistecs, a los que echaremos sal, y freiremos en el aceite caliente; una vez hechos los dejaremos en una bandeja de horno. Cortaremos delgados los champiñones y les daremos un hervor de 10 minutos, en agua y sal. En una cacerola al fuego, echaremos la manteca de cerdo y las cebollas peladas y picadas, cuando adquieran color dorado, agregaremos los champiñones y la harina, así como el vaso de leche y el de caldo. Lo dejaremos cocer hasta que la salsa quede

espesa, echaremos la salsa encima de la carne, la espolvorearemos con el pan rallado y la meteremos en el horno hasta que se dore.

Solomillos de ternera rellenos

(Filets de vedella farcits)
Ingredientes:

400 gramos de filetes, muy delgados, de ternera

125 gramos de carne picada (puede ser de cerdo)

50 gramos de tocino fresco

4 huevos crudos

100 gramos de manteca de cerdo

1 cebolla

1 diente de ajo

Sal

1/2 vaso de agua lleno de vino blanco

Caldo de carne

Perejil fresco

Pimienta blanca en polvo

4 cucharadas soperas llenas de harina

Haremos un relleno con la carne picada, el tocino, una clara de huevo, sal y un poco de pimienta, todo bien mezclado. Este relleno lo repartiremos entre todos los filetes, ligeramente sazonados, los enrollaremos, ataremos y envolveremos en harina y los huevos batidos. Los freiremos en la manteca de cerdo y los dejaremos en una cacerola.

En la manteca de la fritura haremos dorar todo junto: la cebolla, el diente de ajo y cucharada y media de harina; cuando todo esté dorado, le incorporaremos un cucharón y medio de caldo y el vino blanco, batiéndolo con un tenedor un momento para que quede bien mezclado; le dejaremos dar un hervor y lo verteremos sobre la carne, colándolo por el chino. Comprobaremos si está suficientemente sazonado, le añadiremos un puñadito de perejil, finamente picado, y lo dejaremos hacer lentamente.

Cuando vayamos a servir el plato, desataremos los filetes y los pondremos en una fuente honda con su salsa.

Solomillos de ternera Ribot

(Filets de vedella Ribot)
Ingredientes:

4 filetes de solomillo
Sal
Pimienta blanca en polvo
1/4 litro de aceite
1 vaso de agua lleno de vino blanco seco
Perejil fresco
Un poco de perijollo
Un poco de tocino
1/2 hoja de laurel
80 gramos de mantequilla
Agua
4 tomates

Golpearemos bien los filetes, los condimentaremos con sal y pimienta y los dejaremos en maceración durante 2 horas en un plato con tres cucharadas de aceite de oliva, tres cucharadas de vino blanco seco, un ramito de perejil, perifollo, tomillo y laurel. Les pasaremos por encima un pincel untado con mantequilla fundida y los asaremos a la parrilla durante 10 o 15 minutos a fuego vivo, dándoles la vuelta con frecuencia.

Escaldaremos en agua hirviendo los tomates no demasiado maduros, y les quitaremos la piel; los cortaremos en cuatro trozos que sazonaremos con sal y pimienta, y después los freiremos en una sartén con un poco de aceite. Presentaremos los filetes recién hechos sobre los tomates, todo muy caliente.

Tapaplana a la cazuela

(Tapaplana a la cassola)
Ingredientes:

750 gramos de tapaplana (tapaplana es
la parte de la carne que se conoce
generalmente como tapa)

5 zanahorias medianas

5 cebollas medianas

4 patatas

Agua

Sal

400 gramos de guisantes frescos

1/4 litro de aceite

1 tomate

1 vaso de agua lleno de vino blanco

Agua

Herviremos en agua con sal 4 zanahorias, las patatas, los guisantes y 4 cebollas.
Golpearemos bien la carne, la sazonaremos
con sal y la ataremos con una cuerda fina.
En una cazuela, al fuego, con el aceite (o
manteca de cerdo) echaremos la otra cebolla pelada y cortada a trozos, la otra zanahoria, el tomate grande y la carne.
Cuando esté dorado, añadiremos el vino
blanco y agua que casi lo cubra, y lo dejaremos que hierva hasta que quede a modo
de salsa. Apartaremos la carne, la dejaremos enfríar, quitaremos la cuerda y la cortaremos en trozos delgados. Pasaremos la
salsa y la echaremos otra vez a la cazuela,
junto con la carne. Presentaremos la carne
en una fuente adornada con las verduras
puestas por grupos: guisantes, zanahorias,
cebollas y patatas.

Ternera asada con puré de castañas

(Vedella rostida amb puré de castanyes)
Ingredientes:

1 kilo de pierna de ternera
en un solo trozo

1 vaso de vino, lleno de vino blanco

3 dientes de ajo

50 gramos de mantequilla

1 taza de desayuno llena de leche

3 cebollas medianas

Perejil fresco

1/2 kilo de castañas

2 yemas de huevo crudo

1 taza de desayuno llena de aceite

Agua y sal

Ataremos la carne con un hilo fuerte,
dándole forma redonda, frotaremos con
dos de los dientes de ajo machacados en el
mortero y la dejaremos en reposo durante
30 minutos; pasado dicho tiempo, la sazonaremos con sal y la rehogaremos en una
cazuela al fuego con el aceite muy caliente, dándole vueltas para que se dore bien
por todos los lados. En ese punto se agre-
gan las cebollas peladas y cortadas a trozos
grandes y el otro diente de ajo machacado
en el mortero junto con un poco de perejil; esto lo desleiremos con el vino y lo verteremos a la carne. Es preciso tapar la
cazuela.

Lo dejaremos hacer, lentamente, hasta
que la carne esté tierna y, entonces, la retiraremos a un plato.

Si la salsa está muy delgada la dejaremos cocer destapada para que se reduzca y además se tueste un poco.

Pelaremos las castañas y las coceremos en mitad agua y mitad leche, con un poco de sal; ya cocidas y escurridas, las pasaremos por el pasapuré y les uniremos las yemas de huevo y la mantequilla. Pondremos el puré en una manga con boquilla rizada y lo dispondremos alrededor de un fuente alargada. Cortaremos la carne, sin el hilo, en lonchas, la pondremos en el centro de la fuente y la cubriremos con su salsa muy caliente.

Ternera con berenjenas

(Vedella amb alberginies)
Ingredientes:

800 gramos de carne de ternera
propia para guisar

100 gramos de tocino con hebra

50 gramos de jamón

16 cebollas pequeñas

Un poco de tomillo

1/4 de litro de aceite

1/2 hoja de laurel

Un poco de orégano

Sal

Un poco de canela en polvo

Pimienta blanca en polvo

1 clavo de especias

1 vasito de vino, lleno de vino
blanco o de vino rancio

3 berenjenas pequeñas

Dispondremos una cazuela de barro, al fuego, con aceite y freiremos en ella el tocino y el jamón, ambos cortados a trozos. Añadiremos la ternera cortada a pedazos irregulares. Una vez que esté rehogado, le incorporaremos las cebollas pequeñas, peladas y enteras, el laurel, el tomillo y el orégano.

Cuando todo el conjunto esté bien hecho, le echaremos el tomate picado, un poco de canela, sal, pimienta, el clavo y el vino blanco o el vino rancio. Taparemos dejando que se haga lentamente hasta que la ternera esté tierna. Freiremos las berenjenas aparte en aceite y las pondremos a la carne al servir ésta en la mesa.

Ternera con macarrones

(Vedella amb macarrons)
Ingredientes:

700 gramos de ternera en un solo trozo

50 gramos de manteca de cerdo

Aceite

1/2 cebolla

1 zanahoria mediana

2 dientes de ajo

1 hoja de laurel

Perejil fresco

Un poco de tomillo

3 granos de pimienta

Sal

1 vaso de vino tinto

200 gramos de macarrones

Agua

Rehogaremos la carne, sin partirla, en una cazuela, al fuego, con mitad aceite y mitad manteca de cerdo. Cuando esté casi hecha, la separaremos y quitaremos la grasa que se colocará en un puchero hondo; añadiremos la cebolla pelada y picada, la zanahoria pelada y cortada a rodajas, los ajos sin pelar y enteros, el laurel, el perejil, el tomillo (una ramita), la pimienta, sal y el vaso de vino tinto. Después, incorporaremos la carne (cortada a trozos). Taparemos el puchero y que dejaremos se haga poco a poco. Retiraremos la carne y pasaremos la salsa por el chino.

Herviremos los macarrones en agua con sal; una vez hechos y escurridos, los echaremos a la salsa de la carne. Dispondremos la carne en una fuente, la cubriremos con los macarrones y la serviremos muy caliente.

Ternera con salsa de almendras
(Vedella amb salsa d´ametlles)
Ingredientes:

1 kilo de ternera propia para guisar
1/2 vaso de vino blanco seco
Perejil fresco
1 rebanada de pan
8 almendras tostadas
1 cebolla pequeña
1/2 hoja de laurel
2 dientes de ajo
2 pimientos rojos de lata
1/2 kilo de patatas
1 yema de huevo
1 cucharada sopera llena de mantequilla
Aceite
Agua y sal

Cortaremos la ternera a trozos, que sazonaremos con uno de los dientes de ajo picado, y dejaremos reposar 30 minutos.

En una cazuela, al fuego, calentaremos la mitad del aceite; echaremos a la carne y la rehogaremos en el aceite caliente de la cazuela hasta que tome color dorado; a continuación, le añadiremos la cebolla muy picada, el laurel, y perejil majado en el mortero con el otro diente de ajo y desleído todo en el vino blanco. Lo dejaremos hacer lentamente.

Freiremos la rodaja de pan hasta que esté dorada sin que se queme, y la majaremos en el mortero junto con las almendras;

los desleiremos con un poco de agua, lo incorporaremos a la carne a media cocción, y lo dejaremos cocer nuevamente hasta que la carne esté completamente tierna.

Pondremos a cocer las patatas en agua con un poco de sal.

Una vez cocidas, las escurriremos y meteremos a secar un momento en el horno; las trituraremos en el pasador, les añadiremos la cucharada de mantequilla y la yema de huevo y las trabajaremos un momento al lado del fuego en el que cocerán unos minutos.

Cuando la carne esté ya en su punto, la pondremos en una fuente, pasaremos bien la salsa por un colador, o por un pasador, y la verteremos por encima. Colocaremos el puré en la manga pastelera con boquilla ancha y adornaremos con él a modo de cordón toda la fuente. Al tiempo de servirla, completaremos con las tiras de los pimientos rojos de lata.

Ternera en su jugo

(Vedella amb suc)
Ingredientes:

800 gramos de carne de ternera en un trozo de la parte de la babilla o de la tapa
75 gramos de tocino cortado en lonchas finas
1 vasito de vino lleno de vino blanco seco
1/2 kilo de huesos de vaca o de ternera
50 gramos de manteca de cerdo
Pimienta blanca en polvo
Sal, agua
Guarnición a elegir

En una cazuela, al fuego, echaremos la manteca y las lonchas de tocino cubriendo su fondo; sobre ellas colocaremos el trozo de carne limpio de pieles y partes duras (podemos atarlo) y lo rodearemos con los huesos partidos en trozos.

Taparemos la cazuela y dejaremos que la carne se dore por ambos lados a fuego lento, procurando no pincharla al darle la vuelta, para que no pierda su jugo; para ello es bueno utilizar una cuchara de madera o una espumadera.

Una vez dorada, la rociaremos con el vino y otro vaso de agua caliente (mejor caldo), sazonaremos con sal y pimienta, y la dejaremos hacer por espacio de 45 o 60 minutos aproximadamente, a fuego bajo, o sea poco a poco.

Para evitar que se pegue el fondo de la cazuela, taparemos con la tapadera puesta al revés y en ella pondremos un poco de agua; esto hará que el vapor no suba y, de esta forma, no se reseca el guiso.

Cuando la carne esté en su punto, la retiraremos y dejaremos enfriar un poco para partirla en lonchas, que colocaremos en una fuente y cubriremos con la salsa muy caliente pasada por el pasador. Podemos adornar con tiras de pimiento, patatas, ensalada de lechuga o escarola, o rodajas de tomate, a elección de cada uno.

Ternera guisada a la catalana

(Vedella guisada a la catalana)
Ingredientes:

1 kilo de ternera propia para guisar
1/2 kilo de cebollas
1 copa de jerez seco
100 gramos de ciruelas secas
2 dientes de ajo
1/2 kilo de tomate fresco
1/2 kilo de patatas pequeñas
50 gramos de tocino
1/2 hoja de laurel
1 cucharada sopera llena de harina
Perejil, sal
Un poco de tomillo
1 taza de desayuno llena de aceite
1 taza de desayuno llena de caldo o de agua

Cortaremos la carne a trozos pequeños que sazonaremos con los ajos machacados y sal. Los pondremos en una cazuela de barro al fuego con el aceite caliente, los rehogaremos y les añadiremos la cebolla pelada y picada y a continuación el tomate pelado y limpio, el jerez y un ramito compuesto por el perejil, tomillo y laurel; espolvorearemos con la harina tostada y rociaremos con el caldo o agua. La dejaremos cocer, a fuego moderado, por espacio de 1 hora aproximadamente.

Añadiremos entonces las ciruelas (remojadas) y las patatitas, que en caso de ser nuevas irán enteras y ligeramente fritas, también echaremos el tocino en trozos pequeños y frito. Lo dejaremos en el fuego unos minutos más para que las patatas terminen de hacerse y tomen el sabor de la carne.

Lo serviremos en la misma cazuela de cocción y siempre muy caliente.

Turnedós con salsa de tomate

(Turnedó amb salsa de tomáquet)
Ingredientes:

4 filetes gruesos de solomillo

100 gramos de aceitunas negras o bien

400 gramos de patatas avellana

1 taza de desayuno llena de salsa de
tomate (Para hacerla consultar
Capítulo SALSAS)

6 cucharadas soperas llenas de aceite

Perejil fresco

Sal

Los turnedós, de unos dos o tres centímetros de grueso, los limpiaremos bien de telillas y les ataremos con bramante para que se conserven redondos. En una sartén al fuego con el aceite (o mantequilla), haremos la carne a fuego regular para que no se queme por fuera y quede cruda por dentro; la dejaremos en el fuego unos 5 minutos por cada lado, cuidando de no pincharlos para que no salga el jugo.

Ya fritos, les quitaremos la cuerda, los colocaremos en una fuente y las bañaremos con la salsa de tomate caliente; los adornaremos con un poquito de perejil o perifollo y las aceitunas o las patatas avellana (cocidas al vapor).

Menudos

Pies de cerdo con caracoles *(página 233)*

Asadura con cebolla

(Freixura amb ceba)
Ingredientes:

1 asadura grande o 2 pequeñas

1 taza de desayuno llena de aceite

2 pimientos frescos verdes o rojos

2 cebollas gordas

1 copita de licor llena
de vino blanco seco

1/2 litro de caldo de carne

1 diente de ajo

3 almendras tostadas

20 gramos de piñones sin cáscara

Perejil fresco

Sal

1 rebanada de pan tostado al horno

Cortaremos a trozos la asadura y la re-hogaremos en el aceite en una cazuela sobre el fuego. Agregaremos las cebollas peladas y cortadas, así como los pimientos sin pepitas ni rabo y cortados a trozos irregulares. Echaremos sal, el vino y el caldo, y la dejaremos cocer poco a poco.

Majaremos en el mortero el ajo junto a las almendras, los piñones y el pan, y los desleiremos con caldo de la cazuela; lo incorporaremos a ésta y dejaremos el guisado, al fuego, hasta su total cocción.

Callos a la catalana

(Pota i tripa a la catalana)
Ingredientes:

1 kilo de callos cocidos (en las casquerías
de la región catalana se hallan a la venta
los callos ya cocidos, así como sangre,
patas, morros...)

1/2 kilo de cebollas

Caldo de carne

3 dientes de ajo

16 piñones sin cáscara

8 almendras tostadas

1/4 kilo de manteca de cerdo
o su equivalente en aceite

1/2 kilo de patatas

1/2 kilo de tomates frescos

Un poco de azafrán hebra

Perejil fresco

1 vasito de vino lleno de vino rancio

Pimienta negra en polvo

Sal

Cortaremos los callos a trozos pequeños, cuadrados o alargados.

En una cazuela grande, al fuego, con la manteca de cerdo o su equivalente de aceite, freiremos la cebolla pelada y picada fina; una vez frita, le añadiremos el tomate pelado, limpio y partido; cuando esté frito, le agregaremos los callos, los rociaremos con el vasito de vino rancio y los sazonaremos con sal y pimienta negra. Los dejaremos cocer a fuego lento.

Majaremos en el mortero los ajos juntamente con las almendras y piñones y las hebras de azafrán, así como un poco de perejil, lo desleiremos con un poco de caldo, y añadiremos esta picada a los callos cuando lleven 30 minutos de cocción; les agregaremos las patatas peladas y partidas a trozos y más caldo en caso de necesitarlo. Comprobaremos la sal y lo dejaremos en el fuego otra media hora larga (siempre a fuego lento).

Los serviremos muy calientes.

Criadillas empanadas

(Turmes arrebossades)
Ingredientes:

800 gramos de criadillas
2 huevos crudos
1 taza de desayuno llena de harina
1 taza de desayuno llena de pan rallado
1/2 litro de aceite
Sal

Cortaremos las criadillas por el centro, las pelaremos y haremos unos filetes muy finos a los que echaremos sal y pasaremos por la harina, por los huevos batidos y por el pan rallado; los freiremos en el aceite, muy caliente, puesto en una sartén al fuego, dándoles solamente una vuelta.

Al retirarlos de la fritura, los pondremos sobre una servilleta blanca para que escurran el exceso de grasa.

Con este plato suelen servirse patatas paja o tomates asados a la parrilla.

Hígado con cebolla

(Fetge amb ceba)
Ingredientes:

500 gramos de hígado cortado a trozos
4 cucharadas soperas llenas de aceite
Sal fina
250 gramos de cebolla muy picada
1 copita de licor llena de jerez seco

Echaremos el aceite en una sartén y rehogaremos en ella el hígado; le incorporaremos seguidamente la cebolla y taparemos la sartén para que tome vapor. Conviene que vaya haciéndose poco a poco al fuego muy lento. Poco antes de que esté hecho le añadiremos el jerez y la sal.

Lo serviremos recién hecho y en una fuente.

Lenguas de carnero rellenas a la Mollerussa

(Llengües de molló a la Mollerussa)
Ingredientes:

8 lenguas de carnero
2 rebanadas de pan con miga fresca
2 cucharadas soperas llenas de leche
La carne de 100 gramos de salchichas de cerdo
Sal
Pimienta blanca en polvo
2 cucharadas soperas llenas de vino rancio
Un poco de canela en polvo
1 trufa
100 gramos de tocino
1/2 hoja de laurel
2 dientes de ajo
Un poco de tomillo
Un poco de albahaca
Un poco de apio
Perejil fresco
1 puerro
2 tomates pequeños
2 tazas de desayuno llenas de caldo de carne
1/2 kilo de espinacas
300 gramos de patatas
Agua

Empezaremos por escaldar y pelas las lenguas. Con un cuchillo las abriremos a lo largo, las rellenaremos con la miga de pan fresco remojada en leche fría, carne de las salchichas, sal, pimienta blanca, el vino rancio, un poco de canela en polvo y la trufa muy picada, y coseremos la abertura de cada una de ellas. Las pondremos a brasear con el tocino, laurel, tomillo, ajos, apio, perejil, puerro y albahaca en una cazuela al fuego. Una vez doradas, añadiremos el tomate, pelado y picado, y el caldo, y las dejaremos hacer poco a poco.

Ya cocidas, las pondremos en otra cazuela, pasando todo el contenido por el tamiz. Añadiremos las espinacas y las y pasaremos que habremos cocido y convertido en un puré espeso.

Manos de cerdo a la catalana

(Peus de porc a la catalana)

Ingredientes:

6 manos de cerdo
Agua
Sal
15 almendras tostadas
1 rebanada de pan frito
2 dientes de ajo
1 cebolla gorda
1 atado compuesto por: 1 hoja de laurel, un poco de tomillo y perejil fresco
1 clavo de especia
Pimienta negra en polvo
1 taza de desayuno llena de harina
3 huevos crudos
1/4 litro de aceite

Limpiar las manos a la llama de alcohol o de gas y abrir por su mitad obteniendo 12 unidades; dar un poco de sal y ponerlas, en un puchero, al fuego, con bastante agua, el atado compuesto, sal, el clavo y una pizca de pimienta negra (pueden hacerse en la olla exprés). Una vez hechas, escurrirlas, reservando un poco de su caldo, y secarlas bien con un paño. Batir los huevos y rebozar las patas primero en harina, después en los huevos batidos y por último freírlas en el aceite caliente. En el resto del aceite freiremos la cebolla pelada y cortada y la uniremos a las patas que estarán en una cazuela. Majaremos al mortero los dientes de ajo pelados y picados, las al-

mendras y el pan frito, desliendo esto con un cucharón de caldo de cocer las manos. Les daremos un hervor con esta picada y las serviremos a continuación.

Menudillos de pollo a la cazuela

(Menuts de pollastre rostits)

Ingredientes:

12 higadillos de pollo
12 mollejas tiernas de pollo
8 patas (no muslos) de pollo asadas y peladas
12 cuellos de pollo
2 dientes de ajo picados
Perejil fresco
1 cucharada sopera llena de pan rallado
8 almendras tostadas
1 taza de desayuno llena de salsa alioli (Para hacerla consultar Capítulo SALSAS)
80 gramos de manteca de cerdo
Sal
Agua

Limpios los menudillos, les daremos sal y los doraremos en una cazuela, al fuego, con la manteca de cerdo. Majaremos en el mortero los ajos, junto con perejil picado, el pan rallado y las almendras; lo desleiremos con un poco de agua y lo incorporaremos a los menudillos, que seguirán haciéndose lentamente hasta que estén tiernos.

Los serviremos cubiertos con la salsa alioli que se echará, sobre ellos, justo al momento de sacarlos a la mesa.

Mollejas de ternera en fricandó

(Lletons de vedella)
Ingredientes:

750 gramos de mollejas de ternera

100 gramos de tocino

Sal

100 gramos de manteca de cerdo

2 zanahorias medianas

2 cebollas medianas

Hierbas en un atado, compuesto por: perejil fresco, laurel y tomillo

Pimienta blanca en polvo

Agua

Limpiaremos con un trapo las mollejas, las mecharemos con tiras de tocino y les daremos un poco de sal y otro poco de pimienta. En una cazuela, al fuego, con la manteca, rehogaremos las zanahorias y las cebollas, ambas peladas y trinchadas, agregaremos las mollejas y meteremos la cazuela al horno con calor por arriba y por abajo. Si viésemos que quedan secas, podemos agregar un vaso de agua.

Se harán en el horno 30 o 40 minutos, pues las mollejas suelen ser tiernas.

Morros de ternera estofados

(Morro de vedella estofat)
Ingredientes:

1 morro de vaca ya cocido (600 o 700 gramos de peso)

1 vaso de vino, lleno de vino blanco seco

Perejil fresco

1 cebolla gorda

2 cucharadas soperas llenas de pan rallado

1 diente de ajo

1 cucharada sopera llena de pimentón rojo, picante

1/2 guindilla

1 vasito de vino lleno de aceite

Sal

1/2 hoja de laurel

Como los morros los tenemos ya cocidos, los cortaremos a trozos regulares, los pasaremos a una cazuela, y les añadiremos la cebolla pelada y picada, el pimentón, el pan rallado, el laurel, la guindilla y el aceite crudo; majaremos en el mortero el diente de ajo y unas ramas de perejil, lo desleiremos con el vino blanco y lo vertiremos por encima de los morros, que dejaremos cocer muy lentamente durante 2 horas.

Los serviremos así que estén hechos, muy calientes.

Pata de ternera
a la catalana

(Pota de vedella a la catalana)
Ingredientes:

1 pata de ternera
Agua
Hierbas del caldo compuestas por: apio, nabo, chirivía, puerro y zanahoria
Sal
80 gramos de manteca de cerdo
2 cebollas medianas
200 gramos de guisantes naturales o de lata
4 tomates frescos medianos
1 vaso de agua, lleno de aceite
4 patatas medianas
4 pimientos frescos verdes o rojos
4 dientes de ajo
6 almendras tostadas
Perejil fresco
2 granos de pimienta
Unas hebras de azafrán

Pondremos un puchero al fuego con agua, sal y las hierbas del caldo peladas y enteras; en ese puchero coceremos la pata de ternera (podemos utilizar también olla exprés).

Una vez hecha y escurrida, guardaremos su caldo y la cortaremos a trozos.

En una cazuela de barro, al fuego, con la manteca rehogaremos la cebolla pelada y picada, los tomates pelados y cortados, los pimientos sin semillas y cortados a trozos; en cuanto estén rehogados, añadiremos las patatas peladas y troceadas y los guisantes (cocidos si son frescos, o de lata).

Incorporaremos los trozos de la pata y parte de su caldo, el suficiente para que quede cubierto y pueda hervir 15 o 20 minutos.

Majaremos los dientes de ajo junto con perejil picado, el azafrán, las almendras y la pimienta, y lo incorporaremos al guiso de la cazuela.

Serviremos la pata en la misma cazuela de cocción y muy caliente.

Callos a la catalana *(página 225)*

Patas y cabeza de cordero con «girella»

(Cap i pota d´anyell amb girella)
Ingredientes:

1 cabeza de cordero
4 patas de cordero
100 gramos de sebo de cordero
1 asadura completa de cordero
200 gramos de tocino fresco
1 tripa larga
200 gramos de arroz
4 huevos crudos
4 dientes de ajo
Perejil fresco
1 cebolla gorda
1/4 kilo de tomate fresco
Unas hebras de azafrán
Pimienta blanca y negra en polvo
Sal
Agua
100 gramos de almendras tostadas
1 vaso de agua, lleno de aceite

En un puchero al fuego, y con agua que las cubra, coceremos durante 15 minutos la asadura, el sebo y el arroz, junto con dos de los dientes de ajo picados un poco de perejil, también picado. Transcurrido dicho tiempo, lo escurriremos bien y picaremos con la picadora, o en la máquina, la asadura, el sebo, el arroz y el tocino, amasando esta pasta con los huevos muy batidos y agregando las hebras de azafrán, sal y las dos clases de pimienta.

Rellenaremos con esta masa la tripa previamente preparada y la colgaremos para que escurra y se enfríe; esto es la «girella».

Haremos cocer, en agua con sal, la cabeza y las patas hasta que se puedan quitar todos sus huesos.

En una cazuela de barro al fuego, echaremos el aceite y freiremos en él la cebolla, pelada y picada, y los tomates (pelados y reducidos a puré en crudo); adicionaremos el resto de los ajos y las almendras machacadas así como una taza de agua. Incorporaremos a esta salsa las cabezas y las patas deshuesadas y la «girella» cortada a rodajas.

Daremos un hervor de 10 minutos, lo retiraremos del fuego y lo serviremos todo en la misma cazuela de cocción.

Nota: Se trata de una receta típica de Pobla de Segur.

Pies de cerdo
con caracoles

(Peus de porc amb cargols)
Ingredientes:

6 pies de cerdo
1/2 kilo de caracoles
100 gramos de jamón
1 hoja de laurel
1 cabeza de ajos tiernos
2 cebollas medianas
1/4 kilo de tomates
2 dientes de ajo
1 zanahoria mediana
1 guindilla
50 gramos de almendras tostadas
2 carquiñolis (especie de galleta dura)
Perejil fresco
1/4 litro de aceite
Sal
Pimienta blanca
Agua
1 taza de desayuno llena de harina

Una vez limpios los pies, los partiremos por la mitad y los pondremos a cocer en agua junto con media cebolla pelada, la zanahoria pelada y entera, el laurel, los ajos tiernos, un poco de pimienta y sal, hasta que estén cocidos.

Lavaremos aparte los caracoles, los herviremos y los escurriremos. A continuación retiraremos los pies y, una vez escurridos (reservaremos parte de su caldo), los pasaremos por harina y rehogaremos en una sartén, al fuego, con aceite.

Haremos un sofrito con aceite, las cebollas, peladas y trinchadas, y los tomates, que echaremos, sin colar, sobre los pies puesto en una cazuela de barro y les añadiremos un poco del caldo de su cocimiento.

Agregaremos los caracoles, el jamón cortado a dados y la guindilla, los dejaremos hervir, a fuego lento, 20 o 30 minutos y les añadiremos una picada preparada en el mortero con los dientes de ajo, las almendras, un poco de perejil y los carquiñolis. A continuación cocerán 5 o 8 minutos más.

Los rectificaremos de sal y los serviremos en la misma cazuela y muy calientes.

Riñones de ternera en su salsa

(Ronyons de vedella amb salsa)
Ingredientes:

2 riñones de ternera

1 cebolla gorda

1/2 kilo de tomates frescos

2 dientes de ajo

1 yema de huevo duro

12 piñones sin cáscara

Un poco de tomillo

1/2 hoja de laurel

Un poco de orégano

1 cucharadita de café,
llena de pimentón

1 taza de desayuno llena de caldo

80 gramos de manteca de cerdo

1 vasito de vino, lleno de vino blanco

Pimienta blanca en polvo

1 vaso de agua, lleno de aceite

Sal

Perejil fresco

Limpiaremos los riñones y los partiremos a trocitos muy finos.

En una sartén al fuego con el aceite freiremos la cebolla y los ajos pelados y picados; añadiremos los tomates pelados y limpios de semillas, un poco de orégano y la media hoja de laurel; majaremos los piñones en el mortero con la yema dura y lo desleiremos con el caldo lo agregaremos a la salsa, más el pimentón, sal, pimienta y, por último el vino. Ya preparada la salsa, y

en una sartén con la manteca de cerdo, rehogaremos los riñones durante 7 o 10 minutos, les echaremos sal y pimienta y los mezclaremos con la salsa, poniendo también una ramita de tomillo, que retiraremos, lo mismo que el laurel y el orégano, al tiempo de servirlos. Les daremos unas vueltas con la salsa, pero sin llegar a freírlos más, pues se pondrían duros.

Los serviremos seguidamente muy calientes, espolvoreados con perejil fresco muy picado. Podemos acompañarlos con unas patatas avellana.

Sangre e hígado a la catalana

(Sang i fetge a la catalana)
Ingredientes:

200 gramos de sangre ya cocida (en las casquerías de la región catalana se halla a la venta la sangre ya cocida, así como callos, patas, morros...)

1 kilo de cebollas

1/2 kilo de hígado de cordero

50 gramos de manteca de cerdo

Pimienta blanca en polvo

El equivalente a la manteca de aceite

Sal

En una sartén, más bien grande, al fuego, echaremos la manteca de cerdo y la misma cantidad de aceite; freiremos en ella la cebolla pelada y partida en rodajas finas; así que comience a tomar color dorado, sazonaremos con sal y pimienta, y añadiremos entonces la sangre partida a trocitos. Lo dejaremos freír junto con la cebolla unos 10 minutos. El hígado, limpio de la piel que lo cubre, lo partiremos a trozos pequeños, los sazonaremos con sal, y los rehogaremos en una sartén con un poco de aceite a fuego vivo por espacio de 5 o 8 minutos; en ese punto le mezclaremos la cebolla y la sangre sin llegar a freírlo más. Removeremos bien y lo serviremos a continuación muy caliente.

Tuétanos gratinados

(Moll de l´os gratinat)
Ingredientes:

700 gramos de tuétanos

1 cucharada sopera llena
de mantequilla

Perejil fresco

1/2 litro de salsa bechamel (Para
hacerla consultar Capítulo SALSAS)

50 gramos de queso rallado

Sal

Agua

Lavaremos y coceremos los tuétanos en agua con sal; ya cocidos, los escurriremos y partiremos a trozos pequeños, los mezclaremos con la salsa bechamel, no muy espesa, y los colocaremos en una fuente de horno o bien en cuatro cazuelitas individuales. Los espolvorearemos con el queso rallado, les echaremos dos o tres bolitas de mantequilla y los meteremos al horno a gratinar.

Los serviremos seguidamente en las mismas cazuelas.

Podemos echarles, a la hora de servirlos, un poco de perejil picado finamente.

Aves y caza

Perdices con ciruelas *(página 259)*

Capón relleno
a la catalana

(Capó farcit a la catalana)
Ingredientes:

1 capón de 3 o 4 kilos de peso
300 gramos de carne de cerdo
1 oreja de cerdo
2 dientes de ajo
150 gramos de orejones
200 gramos de judías blancas secas
50 gramos de piñones sin cáscara
150 gramos de ciruelas pasas
150 gramos de manteca de cerdo
1 vaso de vino, lleno de vino rancio
Un poco de canela en polvo
Pimienta negra en polvo
Sal
Agua
1/2 litro de buen caldo del puchero

Procederemos en primer lugar a cocer las alubias (ya remojadas) en agua fría; una vez cocidas, les echaremos sal. Por otro lado coceremos la oreja bien limpia en agua y sal; también coceremos los orejones y las ciruelas unos 20 minutos; a estas últimas, ya cocidas, les quitaremos la semilla o hueso.

Picaremos la carne de cerdo y la oreja a trozos menudos suprimiendo todas las partes duras; a este picadillo añadiremos las judías, los orejones y las ciruelas; sazonaremos todo con sal y pimienta y un poco de canela; por último incorporaremos los ajos y piñones bien majados en el mortero;

mezclaremos bien todos los componentes del relleno y los rociaremos con dos cucharadas de vino. Procederemos a rellenar con este preparado el capón, que estará limpio y chamuscado; coseremos la abertura para que no se salga el relleno, lo sazonaremos y lo untaremos con manteca. Lo meteremos a asar al horno o en una cazuela sobre el fogón, a fuego lento y le daremos vueltas de vez en cuando, a las 2 horas lo rociaremos con el resto del vino, y lo dejaremos asar otras 2 horas o dos horas y media más.

Una vez asado que repose bien tapado unos 10 minutos fuera del fuego; después procederemos a trincharlo y colocarlo en una gran fuente con el relleno en el centro. Al jugo, sin grasa, le añadiremos un cucharón de caldo (que podemos prepararlo con los menudos y las patas del capón) y lo herviremos en la cazuela, procurando despegar bien los residuos del jugo o salsa; con esta salsa colada rociaremos el ave, que serviremos muy caliente.

Codornices
con samfaina

(Guatlles amb samfaina)
Ingredientes:

8 codornices

50 gramos de tocino fresco

1/2 kilo de tomates frescos

3 berenjenas

Perejil fresco

2 dientes de ajo

1 vaso de vino, lleno de vino blanco

3 cebollas medianas

150 gramos de jamón magro

3 pimientos frescos

1 cucharadita de café, llena de
pimentón rojo dulce

1 cubito de caldo concentrado

1 ramito de tomillo

Pimienta blanca en polvo

1/4 litro de aceite

Sal

Limpias las codornices, las cortaremos en dos partes longitudinalmente y las rehogaremos en el aceite puesto en una cazuela al fuego; las agregaremos las cebollas peladas y picadas, el jamón y el tocino partidos en trocitos; cuando todo esté dorado, incorporaremos los tomates sin piel ni semillas y picados, los pimientos cortados a trozos regulares, las berenjenas cortadas a rodajas, el pimentón, un poco de pimienta y sal. Majaremos en el mortero los ajos, un poco de perejil, el tomillo y el

cubito de caldo, lo desleiremos con el vino blanco y lo verteremos sobre el guiso de las codornices. Lo dejaremos hacer hasta que todo esté tierno.

Ya en su punto, pasaremos las codornices a una fuente y las serviremos con todas las verduras o samfaina; en caso de tener demasiado jugo, retiraremos algo de éste con ayuda de una cuchara.

Codornices
encebolladas

(Guatlles amb ceba)
Ingredientes:

8 codornices

1 kilo de cebollas

1/4 kilo tocino (en lonchas finas)

1/2 litro de vino blanco seco

150 gramos de manteca de cerdo

Sal

Pimienta blanca en polvo

Limpiaremos bien las codornices, dejándoles las cabezas, las sazonaremos con sal y las envolveremos cada una en una loncha de tocino.

En una cazuela echaremos la manteca de cerdo y las cebollas peladas y cortadas finamente en redondo, pondremos encima las codornices, espolvorearemos con sal y pimienta, y echaremos también el vino. Todo esto lo prepararemos en frío.

Una vez todo dispuesto pondremos la cazuela al fuego y la dejaremos hacer, tapada, durante 20 o 35 minutos. Pasado este tiempo la destaparemos y meteremos a horno fuerte, para que se doren por encima antes de servirlas a la mesa.

Codornices Montseny de Gerona

(Guatlles Montseny de Girona)
Ingredientes:

8 codornices
1 cebolla gorda
1/4 kilo de salchichón
12 almendras tostadas
1 vasito de vino, lleno de vino rancio
Perejil fresco
Canela en palo
Pimienta blanca en polvo
Aceite
Sal

Desplumadas las codornices, las pasaremos por la llama del alcohol o del gas y las vaciaremos; las sazonaremos con sal y pimienta y las rehogaremos en una cazuela, al fuego, con el aceite (puede ser manteca de cerdo) caliente. Una vez rehogadas, les añadiremos el salchichón partido en trozos y la cebolla pelada y picada, y las dejaremos hacer poco a poco.

Majaremos en el mortero las almendras peladas con un poco de perejil y la canela, desleiremos con el vino y lo verteremos sobre las codornices a las que, en caso de necesitarlo, les echaremos un poco de agua fría. Cocerán ahora unos 15 o 25 minutos más. Las serviremos calientes con su salsa y enteras.

Conejo a la brasa

(Conill a la brasa)
Ingredientes:

1 conejo gordo y tierno
2 cucharadas soperas llenas de manteca de cerdo
3 ramas de tomillo
1 hoja de laurel
1 limón
1 vaso de agua, lleno de aceite fino
Sal fina
1 lechuga o 1 escarola

Limpio el conejo, lo pondremos en una fuente, después de haberlo cortado a trozos más bien gordos. Lo regaremos con unas cucharadas de aceite fino y pondremos sobre él las ramas de tomillo y el laurel cortado a trozos pequeños.

Al tiempo de ir a hacerlos, los limpiaremos con un paño, los partiremos en sentido longitudinal, los frotaremos con limón y los dejaremos reposar unos 3 minutos. Prepararemos unas parrillas o plancha y, muy caliente, le untaremos con la manteca de cerdo, y dejaremos que se caliente. Untaremos los trozos de conejo con aceite, los sazonaremos con sal y los pondremos sobre las parrillas o plancha (el calor no debe ser muy fuerte). Les daremos vueltas de vez en cuando y, con un pincel lleno de aceite iremos pintando varias veces el conejo mientras se asa.

Ya en su punto, y bien dorados los trozos, los colocaremos en una fuente y los serviremos acompañados de una ensalada de lechuga o escarola.

Nota: También se acompaña esta preparación de conejo con salsa alioli.

Conejo a la catalana

(Conill a la catalana)
Ingredientes:

1 conejo grande y tierno
1/4 kilo de costillas de cerdo
Un poco de romero
1 vasito de vino lleno de vino tinto
1 cucharadita de café llena de harina
Unas hojas de espliego
1 cucharada sopera llena de pimentón rojo dulce o picante
1 taza de desayuno llena de aceite
Sal
Agua

Partiremos el conejo a trozos y lo colocaremos en una cazuela de barro en la que habremos echado dos cucharadas de aceite y el vino tinto, así como el pimentón, un poco de romero, las hojas de espliego y sal. Lo dejaremos macerar en este preparado unas 3 horas, dando vueltas continuamente a los trozos para que tomen bien el gusto por todas partes.

Pasado el tiempo indicado de maceración, y en otra cazuela al fuego con el resto del aceite, freiremos las costillas partidas hasta dejarlas de color dorado, añadiremos seguidamente los trozos de conejo (retirados de la maceración y guardando el jugo). Lo rehogaremos juntamente con las costillas. Añadiremos la cucharadita de harina al jugo del conejo, removeremos bien y

lo pasaremos por un colador vertiéndolo sobre el conejo y agregando también un poco de agua fría. Rectificaremos de sal y lo dejaremos en el fuego hasta que el conejo esté tierno.

En su punto, lo presentaremos en una fuente y lo serviremos muy caliente junto con toda su salsa.

Conejo al alioli

(Conill amb allioli)
Ingredientes:

1 conejo gordo y tierno
1 tomate fresco que sea mediano
3 dientes de ajo
50 gramos de manteca de cerdo
2 tazas de desayuno llenas de salsa alioli (Para hacerla consultar Capítulo SALSAS)
Pimienta negra en polvo
Aceite (igual cantidad que de manteca)
Sal
Agua

El conejo, ya limpio y vaciado, lo partiremos a trozos más bien grandes, que freiremos en una cazuela con la manteca e igual cantidad de aceite. Le añadiremos los ajos pelados y picados y lo sazonaremos con sal y pimienta.

Cuando comience a tomar color a dorado, le incorporaremos el tomate pelado, limpio y partido a trocitos; le agregaremos un poco de agua y dejaremos que se haga hasta que lo veamos muy tierno.

Una vez en su punto, lo pasaremos a una fuente y lo serviremos caliente. La salsa la presentaremos en salsera aparte.

Conejo a la madriguera

(Conill al cau)
Ingredientes:

1 conejo grande
Sal
Pimienta blanca en polvo
100 gramos de manteca de cerdo
1 tomate gordo
1 zanahoria mediana
1 cebolla gorda, 2 dientes de ajo
1 hoja de laurel
1 poco de canela en polvo o bien un trozo de canela en rama
1/4 litro de vino blanco seco
1/4 litro de salsa alioli (Para hacerla consultar Capítulo SALSAS)

Prepararemos el conejo cortado a trozos y les daremos sal y pimienta por ambos lados; los colocaremos en una fuente de horno previamente untada con la manteca de cerdo y, acto seguido, la meteremos al horno durante 20 o 35 minutos. Pasado dicho tiempo, los retiramos para añadirles un sofrito compuesto por el tomate, la zanahoria, la cebolla, los ajos (todo cortado y picado) la hoja de laurel y la canela elegida. Nuevamente lo dejaremos 20 o 35 minutos dentro del horno.

Retirado del horno lo regaremos con el vino blanco seco y la salsa alioli, que previamente habremos hecho en un mortero.

Introduciremos la fuente en el horno durante sólo 5 minutos (el tiempo suficiente para que el conejo absorba el sabor de dicha salsa); se sirve a continuación.

La fuente debe ser presentable para la mesa y no metálica.

Conejo al estilo de Tarragona

(Conill a l´estil de Tarragona)
Ingredientes:

1 conejo gordo y tierno
2 dientes de ajo
1 cebolla gorda
1/2 kilo de tomates frescos
1/2 kilo de patatitas nuevas
1 cucharada sopera llena de harina
1 vasito de vino, lleno de vino tinto
1 guindilla picante
Un poco de azafrán hebra
1 vasito de vino lleno de vinagre
Pimienta blanca en polvo
1/4 litro o más de aceite
Sal

Partiremos el conejo a trozos, los sazonaremos con sal y pimienta, y les doraremos en una cazuela, al fuego, con parte del aceite. Añadiremos la cebolla pelada y picada, los tomates pelados y limpios y el vasito de vino tinto; lo dejaremos cocer poco a poco.

Majaremos en el mortero los ajos con un poco de sal, unas hebras de azafrán y la guindilla (puede suprimirse); esto lo desleiremos con un chorrito de vinagre, le mezclaremos la cucharada de harina dorada en la sartén con un poco de aceite, verteremos esta salsa sobre el conejo y, rectificándolo de sal, seguiremos su cocción hasta que la carne esté muy tierna. El tiempo dependerá de la calidad del conejo. Pelaremos las patatas y las dejaremos enteras, si son pequeñas; las freiremoslas añadiremos en aceite y añadiéndolas al guiso un poco antes de retirar éste del fuego, para que tomen el gusto de la salsa.

Ya en su punto, lo presentaremos en una gran fuente y lo serviremos con toda la salsa y rodeado de las patatas.

Conejo al estilo del Ampurdán

(Conill a l'Empordanesa)
Ingredientes:

1 conejo gordo y tierno
12 cebolletas frescas
100 gramos de tocino magro
100 gramos de manteca de cerdo
1 copa de licor llena de vino tinto
15 gramos de chocolate
150 gramos de avellanas
50 gramos de piñones sin cáscara
1 cucharada sopera llena de harina
1 hoja de laurel
Un poco de tomillo
Perejil fresco
Pimienta negra en polvo
Sal, agua

Pondremos una cazuela de barro al fuego con la manteca de cerdo y el tocino cortado a trocitos, y las cebolletas peladas y cortadas a la mitad; agregaremos el conejo cortado en trozos y lo rehogaremos todo muy bien. Cuando haya tomado un poco de color le agregaremos la harina, la doraremos un poco y adicionaremos el vino y un decilitro de agua, así como un ramito compuesto por el laurel, tomillo y perejil. Sazonaremos con sal y pimienta, taparemos y lo dejaremos cocer lentamente durante 2 horas. Veinte minutos antes de terminar la cocción, añadiremos las avellanas, piñones y chocolate, majados en el mortero y desleídos con un poco de agua.

Pollo con samfaina *(página 265)*

Conejo con caracoles

(Conil amb cargols)
Ingredientes:

---

1 conejo gordo y tierno

8 docenas de caracoles
previamente cocidos

1 cebolla gorda

3 tomates medianos maduros

1 atado de hierbas compuesto por:
laurel, tomillo, orégano, un trozo de
piel de naranja seca y un pequeño
canutillo de canela, todo bien
atado con hilo fuerte

1/4 litro de aceite

1 vaso de vino, lleno de
vino rancio seco

1 copita de licor de anís seco

3 cucharadas soperas llenas de harina

1 diente de ajo

12 piñones sin su cáscara

8 almendras tostadas y peladas

1 sequillo (especie de bizcocho seco que
se esponja en contacto con líquidos)
o 2 galletas María

Unas hebras de azafrán

Perejil fresco

Sal

Pimienta blanca en polvo

Agua o caldo de carne

Una vez limpio el conejo, lo cortaremos en doce trozos que espolvorearemos con sal y un poco de pimienta (el hígado del conejo lo reservaremos para la picada); pasaremos los trozos por la harina y los freiremos en una cazuela puesto al fuego con el aceite.

A medio freír añadiremos la cebolla pelada y picada y el atado de hierbas. Cuando esté dorada la cebolla, incorporaremos los tomates pelados, sin semillas y muy picados.

Removeremos con la espumadera y cuando esté el tomate frito echaremos el vino y el anís, y taparemos bien la cazuela, hasta que el vino se haya reducido. Añadiremos caldo o agua caliente, la cantidad suficiente para que cubra el conejo. Lo dejaremos hacer lentamente con la cazuela tapada, por espacio de 20 minutos.

Majaremos en el mortero el azafrán, el ajo, el sequillo o las galletas, los piñones, las almendras y unas hojas de perejil; cuando todo esté bien machacado y transformado en una pasta, le agregaremos el hígado del conejo frito, que también machacaremos y diluiremos el conjunto en un poco de salsa del conejo; lo echaremos a la cazuela junto con los caracoles cocidos que teníamos ya preparados.

Probaremos de sal y pimienta y lo dejaremos hacer lentamente unos 10 o 15 minutos más, tiempo suficiente para que el conejo esté tierno y en su punto. En el momento de servirlo, retiraremos el atado de hierbas, espolvorearemos con un poco de perejil picado y lo presentaremos a la mesa en la misma cazuela de cocción, si ésta lo permite; de lo contrario, lo pasaremos a una fuente, pero recordando siempre que debe estar muy caliente.

Conejo con coles

(Conil amb cols)
Ingredientes:

1 conejo gordo y tierno

2 cebollas medianas

2 zanahorias medianas

2 huevos crudos

1 vaso de vino lleno de coñac

1 vaso de vino lleno de jerez seco

4 tomates maduros medianos

2 coles (repollo o berza)
medianas o 1 grande

2 dientes de ajo

100 gramos de piñones sin cáscara

1 hoja de laurel

1 cucharada sopera llena de pan molido

2 ramas de tomillo

1 taza de desayuno llena de harina

Unas hebras de azafrán

Perejil fresco

Pimienta blanca en polvo

1/4 litro de aceite

Sal

Agua

Quitaremos la cabeza al conejo, lo cortaremos a trozos y reservaremos el hígado. Lo sazonaremos con sal y un poco de pimienta, pasaremos los trozos por harina y los freiremos en una sartén con parte del aceite hasta que quede dorado.

Freiremos también el hígado el cual reservaremos en un plato.

Pondremos los trozos fritos en una cazuela y, en el mismo aceite, doraremos las cebollas peladas y picadas a trozos finos, uno de los dientes de ajo también picado, el laurel, un poco de perejil picado y el tomillo; cuando comience a hervir, agregaremos los tomates sin piel y picados y los dejaremos freír hasta que todo esté en su punto; en ese momento lo verteremos a la cazuela del conejo y lo dejaremos hacer unos 10 minutos. A continuación adicionaremos el coñac y lo flambearemos; una vez consumido el alcohol, lo cubriremos con agua (mejor caldo), taparemos la cazuela y lo dejaremos hervir, lentamente, hasta que el conejo esté a medio hacer.

En un puchero al fuego con agua y un poco de sal, coceremos las hojas de col después de quitarles la parte dura del tronco y haberlas lavado bien en agua fría; pasados 5 o 8 minutos de cocción, las retiraremos y las enrollaremos formando pequeños rollos que podemos sujetar con un palillo; los prensaremos con las manos, los pasaremos por la harina y los huevos batidos, y los freiremos en aceite caliente. Cuando el conejo esté casi cocido (podemos añadir algo más de agua en caso de necesitarlo durante su cocción), lo dispondremos en una cazuela de barro y colocaremos a los lados los rollos preparados de col.

A la salsa que quede en la cazuela le agregaremos el otro diente de ajo, junto con ramas de perejil majado todo en el mortero con unas hebras de azafrán y el hígado del conejo frito. A todo ésto le agregaremos el pan rallado hasta formar una pasta fina a la que echaremos unas gotas de aceite y lo desleiremos todo bien con un poco de salsa de la cazuela del conejo. Añadiremos también un poco de caldo o agua, rectificaremos de sal y, pasándolo por el chino, lo verteremos sobre el conejo y los rollitos de col, moveremos la cazuela y la dejaremos sobre el fuego otro 8 o 10 minutos.

Al tiempo de servirlo lo espolvorearemos con perejil fresco muy picado.

Conejo con chocolate

(Conil amb xocolata)
Ingredientes:

1 conejo gordo y tierno
1 cebolla mediana
2 zanahorias medianas
1/2 onza de chocolate duro
2 dientes de ajo
1 vasito de vino, lleno de vino blanco seco
50 gramos de manteca de cerdo
Perejil fresco
1/2 hoja de laurel
Pimienta negra en polvo
4 cucharadas soperas llenas de aceite
Sal
Agua

Partiremos en trozos el conejo y los pondremos en una cazuela, al fuego, con la manteca e igual cantidad de aceite caliente, y lo espolvorearemos con sal y pimienta; antes de que se dore demasiado le agregaremos la cebolla, las zanahorias (ambas peladas y picadas) y el vino, y lo dejaremos hacer a fuego lento.

Majaremos en el mortero los dientes de ajo con un poco de perejil, el chocolate, el laurel, y algo de agua, en caso de necesitarlo; lo incorporaremos a la cazuela del conejo y dejaremos hervir ésta hasta que el conejo esté tierno.

Lo serviremos en una fuente después de la salsa sobre los trozos de conejo. Podemos completar el plato con una guarnición de costrones de pan frito, unas rodajas de huevo cocido, patatas a la inglesa o champiñones rehogados en mantequilla con ajo y perejil.

Faisán a las uvas

(Faisá amb raïm)
Ingredientes:

2 faisanes
1 litro de nata líquida
100 gramos de azúcar
1/2 kilo de uvas blancas
2 cebollas medianas
2 dientes de ajo
1 vaso de vino lleno de Oporto
1/2 litro de vino blanco seco
Sal
Pimienta negra en polvo
1 hoja de laurel
Un poco de tomillo
1/4 litro de aceite

Pondremos los faisanes, ya limpios y enteros, en una cazuela al fuego con el aceite y, por encima, echaremos las cebollas peladas y cortadas finamente, los ajos machacados, sal, pimienta, el laurel, un poco de tomillo y el vino blanco; terminaremos de cubrir los faisanes con el agua o el caldo. Se harán lentamente y bien tapados hasta que estén tiernos.

Aparte, en una cazuela pequeña al fuego, pondremos el azúcar con un poco de agua a hervir y cuando tome color, o punto de caramelo, le añadiremos el Oporto, lo dejaremos reducir a la mitad y le echaremos la nata, batiéndolo con una varilla. Cuando espese, incorporaremos las uvas peladas.

Retirado el faisán procederemos a trocearlo, lo colocaremos en una cazuela y le echaremos la salsa por encima; lo dejaremos hervir durante 5 o 10 minutos, pasados los cuales lo serviremos a la mesa.

Oca con peras

(Oca amb peres)
Ingredientes:

1 oca tierna con un peso de 1200 a 1500 gramos
2 cebollas medianas
2 tazas de desayuno llenas de caldo de carne
1 galleta María
4 peras
4 dientes de ajo
3 cucharadas soperas llenas de harina
100 gramos de almendras tostadas
2 cucharadas soperas llenas de vinagre
50 gramos de manteca de cerdo
Perejil fresco
Pimienta blanca en polvo
1 taza de desayuno llena de aceite
Sal
Agua

Empezaremos por arreglar la oca desplumándola y limpiándola bien; la pasaremos por la llama de alcohol o de gas, la vaciaremos y la cortaremos a trozos que sazonaremos con sal y pimienta. En una sartén, al fuego, pondremos la manteca de cerdo y un poco de aceite; así que esté caliente, rehogaremos los trozos de oca y las freiremos hasta que queden dorados; en ese momento, los pasaremos a una cazuela; y los reservaremos bien tapados.

En una cazuela de barro amplia echaremos un poco de la grasa de freír la oca y, así que la veamos caliente, rehogaremos en

ella las cebollas peladas y picadas; una vez
fritas, añadiremos parte de la harina que rehogaremos lentamente. Adicionaremos el
caldo y lo dejaremos hervir hasta conseguir
una salsa fina, en ese momento incorporaremos los trozos de oca, procurando que
queden cubiertos por la salsa. Lo haremos
lentamente unos 15 o 20 minutos.

Majaremos en el mortero las almendras
peladas, los dientes de ajo pelados y picados, unas ramas de perejil y la galleta; después de majado, le agregaremos las dos cucharadas de vinagre, mezclaremos todo
muy bien y echando este majado a la cazuela de la oca.

Pelaremos las peras, que serán más bien
pequeñas y maduras, y las coceremos, durante 5 o 8 minutos en agua hirviendo.
Una vez hechas y escurridas, las pasaremos
por un poco de harina y las doraremos en
la sartén con un poco de la grasa de freír
la oca; después de fritas las escurriremos
bien de la grasa.

Cuando la oca esté a mitad de su cocción le adicionaremos las peras, dejaremos
la cazuela en el fuego unos 5 minutos más
y rectificaremos la sal.

Ya en su punto la oca, la presentaremos
a la mesa en la misma cazuela de cocción,
procurando que las peras queden bien re-
partidas entre los trozos de oca.

Nota: Esta receta o preparación de la
oca es típica, principalmente, de la provin-
cia de Gerona

Palomas a la catalana

(Coloms a la catalana)
Ingredientes:

4 palomas
2 dientes de ajo
1 cebolla mediana
1 rebanada de pan
1 docena de almendras tostadas
1 vasito de vino, lleno de vino blanco seco
Pimienta blanca en polvo
Perejil fresco
1/4 litro de aceite
Sal
Guarnición al gusto

Las palomas, una vez desplumadas, las
guardaremos en lugar fresco uno o dos días;
pasado dicho tiempo las vaciaremos y chamuscaremos, les pondremos de nuevo en el
interior el higadillo y las sazonaremos por
dentro. Las armaremos para que tengan
buena forma. En una cazuela al fuego con
el aceite caliente pondremos las palomas y
las dejaremos dorar por todos los lados; freiremos también con ellas los ajos pelados y
enteros y la rebanada de pan. Una vez fritas ambas cosas, las retiraremos y reservaremos, añadiremos entonces a las palomas
la cebolla pelada y picada y las sazonaremos
con sal y pimienta. Se harán a fuego lento.
Entretanto majaremos en el mortero los
ajos y el pan reservados en unión de un
poco de perejil picado y las almendras peladas; aclararemos esta picada con el vasito de vino y lo vertiremos sobre las palo-

mas, que seguirán su cocción hasta que estén muy tiernas (podemos añadir algo de caldo o de agua en caso de necesitarlo).

Ya en su punto, las pasaremos a una fuente las serviremos con toda su salsa pasada por el chino, acompañadas con una guarnición de verduras o una ensalada fresca del tiempo.

Pato al estilo catalán

(Ánec a la catalana)
Ingredientes:

1 pato de 1600 gramos de peso
500 gramos de patatas
500 gramos de guisantes frescos o de lata
150 gramos de manteca de cerdo
1 vasito de vino, lleno de vino blanco
100 gramos de pan
2 limones
1 yema de huevo crudo
1/2 cucharadita de café de pimienta negra
Sal
Agua
1 vaso de agua, lleno de aceite

Limpio y abierto el pato, lo sazonaremos con sal y pimienta, lo ataremos bien para que no pierda su forma y lo colocaremos en una asadera; lo untaremos por encima con 100 gramos de la manteca, y lo rociaremos con el vino y el jugo de uno de los limones colado. Asaremos el pato al horno, a temperatura regular, durante 45 o 60 mi-

nutos. Prepararemos con las patatas un puré al que agregaremos una cucharada de manteca y la yema de huevo, sazonándolo con un poco de sal.

Si los guisantes son frescos los coceremos en agua y sal, y haremos con ellos otro puré, al que agregaremos una cucharada de manteca y sal.

Una vez todo preparado, y asado el pato, lo cortaremos en trozos que colocaremos en una fuente armándolo nuevamente. Lo decoraremos alrededor con los dos purés que habremos echado en una manga con boquilla rizada; en el borde de la fuente irán los trozos de pan, cortado en triángulos y frito. El jugo que soltó el pato al asarlo bien podemos colarlo sobre él mismo o podemos servirlo, caliente, en salsera aparte.

Pato con aceitunas

(Ánec amb olives)
Ingredientes:

1 pato de 1 1/2 kilos

aproximadamente de peso

2 nabos medianos

3 puerros gordos

2 zanahorias medianas

1 cebolla pequeña

1 copa de licor, llena de coñac

100 gramos de manteca de cerdo

200 gramos de aceitunas

verdes sin hueso

2 tazas de desayuno llenas de agua

o caldo de carne

2 tazas de desayuno llenas de vino tinto

2 cucharadas soperas llenas de harina

2 hojas de laurel

Sal

Pimienta blanca en polvo

Un poco de tomillo

Limpiaremos bien el pato y le echaremos por dentro el coñac, lo flambearemos y lo coseremos con tramilla para cerrarlo.

Lo pondremos en una cazuela al fuego con la manteca y lo dejaremos dorar un poquito por ambos lados; le añadiremos la harina y las verduras (nabos, puerros, zanahorias y cebolla) limpias y troceadas. Moveremos con una cuchara de madera y le echaremos sal, pimienta, tomillo, el laurel, el vino y el agua o caldo. Lo taparemos bien y lo dejaremos hacer (en caso de que se quede seco, antes de llegar a estar tierno, podemos añadirle un poco más de agua o caldo).

Ya hecho, lo retiraremos y dejaremos reducir y reposar la salsa (quitaremos un poquito de la grasa que queda por encima). Pasaremos esta salsa, por un chino varias veces hasta que quede muy fina, poniendo nuevamente al fuego la salsa ahora con las aceitunas cortadas por su mitad.

Cortaremos el pato a trozos y pondremos éstos en la salsa; los dejaremos hervir durante 3 o 5 minutos, antes de servirlo a la mesa en una fuente.

Pollo con almendras (*página 264*)

Pato con judías a la catalana

(Ánec amb mongetes a la catalana)
Ingredientes:

1 pato de 1500 gramos de peso

200 gramos de judías blancas ya cocidas (en toda la región catalana se pueden comprar las judías ya cocidas, así
como garbanzos, lentejas...)

100 gramos de tocino rancio

1 decilitro de vino

1 cucharada sopera llena de
puré de tomate

2 cebollas medianas

50 gramos de avellanas tostadas

50 gramos de piñones sin cáscara

Pimienta blanca en polvo

Sal y agua

Unas hebras de azafrán

1 zanahoria mediana

1 diente de ajo

50 gramos de harina

1 limón

Perejil fresco

1/2 hoja de laurel

Un poco de orégano y de tomillo

1 decilitro de caldo de carne

(o de cubitos)

Limpiaremos y chamuscaremos el pato y lo cortaremos a trozos, rociaremos éstos con el zumo del limón y los rebozaremos por la harina.

En una cazuela de barro al fuego echaremos el tocino cortado a trocitos y, cuando tengan algo de color, añadiremos los trozos de pato, los rehogaremos por espacio de 10 o 12 minutos, agregaremos las cebollas peladas y trinchadas, siguiendo rehogando hasta que ésta tome color y, seguidamente adicionaremos el vino, el tomate y un decilitro de agua; sazonaremos con sal y pimienta. Lo haremos tapado, y a fuego lento, durante 1/2 hora (dependerá de cómo sea de tierno).

A medio cocer le agregaremos un ramito atado compuesto por perejil, laurel, tomillo y orégano. Majaremos al mortero las avellanas, piñones, ajos y azafrán y lo desleiremos con un poco de agua; lo echaremos al conejo y taparemos la cazuela que cocerá otra vez, entre 15 y 20 minutos, antes de agregar las judías cocidas y el decilitro de caldo. Meteremos al horno la cazuela destapada para que se termine de cocer en él y que quede dorada toda la superficie.

Si no hubiera horno, cubriremos con una plancha la cazuela poniendo sobre ella unas brasas encendidas.

Pavita a la pirenaica

(Indiota a la pirenaica)
Ingredientes:

1 pavita tierna de 3 o 4 kilos de peso

1 cebolla pequeña

2 trufas

2 copas de licor llenas de coñac

2 zanahorias medianas

3/4 de kilo de carne de cordero

o de cerdo picado

50 gramos de jamón

1/2 kilo de castañas

1 copa de licor, llenas de jerez seco

4 huevos crudos

1 puerro mediano

2 cucharadas soperas llenas

de miga de pan fresco

1 vaso de vino lleno de leche

1 hoja de laurel

Pimienta blanca en polvo

Sal

Agua

1/2 litro de gelatina ya preparada

La pava, pelada y limpia, la pasaremos por la llama y luego la deshuesaremos con cuidado de no romperle la piel; esto es un poco difícil pero no imposible. Una vez así preparada, la rociaremos con coñac y la sazonaremos con sal y pimienta.

La carne picada la mezclaremos con la cebolla también picada lo más finamente posible, añadiendo las castañas cocidas y peladas, la miga de pan remojada en la leche y exprimida, el jamón cortado a trocitos, las trufas picadas, una de las copas de coñac y los huevos batidos; sazonaremos todo con sal y pimienta y una vez que esté bien mezclado procederemos a rellenar la pavita, que coseremos con hilo y envolveremos en un paño blanco. La coceremos en abundante agua caliente con sal, las zanahorias peladas y enteras, el puerro pelado y entero, el laurel y el jerez. La dejaremos cocer unas 3 horas. Pasado dicho tiempo, la retiraremos y exprimiremos el paño, dejándola no obstante envuelta. La colocaremos en una tabla con peso encima, permanecerá así durante 24 horas.

Después le quitaremos el lienzo y los hilos del cosido, y la partiremos a rodajas finas, que colocaremos en una fuente adornada con gelatina picada.

Pavo a la catalana

(Indiot a la catalana)
Ingredientes:

1 pavo (mejor pava, la hembra es siempre más tierna) tierno de 3 o 4 kilos de peso

1/4 kilo de ciruelas negras secas

200 gramos de judías blancas secas

1/4 kilo de orejones

1/4 kilo de oreja de cerdo

1/4 kilo de salchichas

1/4 kilo de lomo de cerdo

150 gramos de manteca de cerdo

1 vaso de vino lleno de vino rancio

Un poco de canela en polvo

Pimienta blanca en polvo

Sal

Guarnición al gusto

Agua

Coceremos previamente las judías (ya remojadas) en agua con la oreja de cerdo limpia; lo sazonaremos a media cocción. Coceremos también los orejones y las ciruelas, en un poco de agua, y les quitaremos el hueso después de cocidas.

Tendremos el pavo ya limpio, vaciado y flambeado, le quitaremos las patas y el cuello y lo rellenaremos con la mezcla de las judías cocidas y escurridas y la oreja deshuesada y partida en trozos pequeños; las salchichas y el lomo también partido, las ciruelas y los orejones; sazonaremos todo ello con un poco de canela, sal y pimienta. Ya relleno el pavo, lo coseremos con hilo doble o bramente fino, lo untaremos todo él con la manteca de cerdo y lo colocaremos en una fuente de horno; lo meteremos a horno medio fuerte, con calor por arriba y por abajo unas 3 o 4 horas, si es tierno, y algo más en caso de ser duro. Aproximadamente una hora de terminar la cocción lo rociaremos con el vino rancio.

Retirado del horno, lo colocaremos en una fuente grande y lo rociaremos con toda su salsa pasada por el colador. Trincharemos el ave en la mesa. Podemos acompañarlo con una ensalada de lechuga o de escarola. Al servirlo debemos poner a cada comensal un trozo de pavo y una porción de su relleno.

Pavo relleno de castañas a la catalana

(Indiot farcit de castanyes a la catalana)

Ingredientes:

---

1 pavo (mejor pava, la hembra es siempre más tierna) tierno de
3 o 4 kilos de peso

600 gramos de castañas

350 gramos de carne de lomo picada

1 diente de ajo

Pimienta negra en polvo

Nuez moscada

3 copitas de licor llenas de coñac

2 huevos crudos

Sal

1 cucharada sopera llena de fécula de patata

2 zanahorias medianas

1 cebolla mediana

1 hoja de laurel

50 gramos de tocino cortado en trozos pequeños

100 gramos o más de manteca de cerdo

1/4 litro de caldo de carne

Agua

Coceremos las castañas en agua con un poco de sal; ya cocidas las pelaremos y aplastaremos; las mezclaremos con el lomo de cerdo picado, agregaremos el diente de ajo pelado y picado, un poco de pimienta, nuez moscada rallada, sal, una copita de coñac y los dos huevos bien batidos; uniremos bien agregaremos después, la cucharada de fécula de patata y sazonaremos con la sal necesaria. Prepararemos el pavo del modo tradicional, vaciándolo por completo y salpimentándolo discretamente, lo rellenaremos con la masa de castañas y coseremos la abertura para que no se salga el relleno.

Así preparado, pondremos el pavo en una cazuela con las zanahorias, peladas y troceadas, la cebolla pelada y picada, la hoja de laurel y el tocino, lo untaremos bien con la manteca de cerdo y lo cubriremos con un papel engrasado. Lo meteremos en el horno hasta que se dore. A mitad de la cocción le añadiremos el resto del coñac y un cacillo de caldo, pondremos la cazuela sobre el fuego para que se cueza como unos 15 minutos, hasta que esté dorado. Lo retiraremos del calor y lo taparemos para dejarlo en reposo unos 5 o 10 minutos. Lo trincharemos, cortaremos el relleno en lonchas, y pondremos el pavo en una fuente, adornado con el relleno y cubierto con el jugo que ha quedado en la cazuela, después de pasado por el tamiz.

Pechugas de ave
a la ampurdanesa

(Pit d´aviram a l´empordanesa)
Ingredientes:

4 pechugas gordas
1 col blanca, 1 cebolla gorda
2 tomates frescos pelados
3/4 litro de crema de leche
1 litro de salsa rubia (la salsa rubia, llamada también española, la haremos friendo en la sartén, al fuego y con aceite, media cebolla picada, media zanahoria también picada y agregándoles, así que tomen color, dos cucharadas de harina, un vasito de vino blanco seco o de jerez seco, sal y dos tazas de buen caldo. Esta salsa debe colarse antes de utilizarla)
250 gramos de jamón del país
200 gramos de champiñones
250 gramos de harina
1 copa de licor llena de Oporto
250 gramos de mantequilla
1/2 litro de leche
1 trufa
Sal y agua
Pimienta blanca en polvo
Costrones de pan frito

Limpiaremos las pechugas de pieles, las aplanaremos, las sazonaremos y las dejaremos reposar en una tabla.

Prepararemos las hojas de las coles sin troncos duros, y coceremos éstas en agua con sal. Una vez hechas las escurriremos y reservaremos.

En un poco de la mantequilla, con el jamón picado, media cebolla pelada y trinchada, la trufa picada y los champiñones cortados a trocitos pequeños, prepararemos una farsa o relleno, al que daremos sal y pimienta y echaremos el Oporto.

Con parte de la harina, de la mantequilla, leche y sal haremos una salsa bechamel un poco espesa.

Separaremos la farsa o relleno en dos partes, así como la salsa bechamel, y con una de ellas rellenaremos las pechugas que pasaremos por harina y freiremos en mantequilla.

Con la otra mitad separada procederemos a rellenar las hojas de col que envolveremos haciendo como paquetes alargados que podemos asar.

En un poco de mantequilla rehogaremos el resto de la cebolla y los tomates cortados finamente.

Prepararemos una cazuela con las pechugas y los paquetes de coles y les echaremos el rehogado de cebolla y tomate junto con la crema de leche y la salsa rubia. Esta cazuela dará un hervor de 15 o 25 minutos.

Presentaremos las pechugas en una fuente junto con los paquetes de col, los costrones de pan frito y la salsa colada.

Pechugas de gallina rellenas

(Pit de gallina farcit)
Ingredientes:

4 pechugas de gallina

8 lonchas de jamón de York muy finas

8 lonchas de queso de nata

2 huevos

1 taza de desayuno llena de harina

1/4 litro de aceite

Sal

Pimienta blanca en polvo

Agua

Guarnición de perejil o patatas fritas

Una vez cocidas las pechugas, las cortaremos por el centro y le quitaremos el espinazo. Los 8 trozos que quedan los abriremos por la mitad les introduciremos una loncha de jamón y otra de queso y las sazonaremos con sal y pimienta.

Las pasaremos por la harina y después por los huevos batidos, las freiremos en una sartén al fuego lentamente para que el calor entre dentro y el queso se haga una pasta.

Las serviremos a la mesa adornadas con unas ramas de perejil fresco o con patatas fritas.

Advertencia: Podemos cocer las pechugas con 1 nabo, 1 puerro, 1 zanahoria y un poco de apio, aprovechando así el caldo para hacer un consomé o una sopa.

Perdices con ciruelas

(Perdiu amb prunes)
Ingredientes:

4 perdices

Sal

Pimienta blanca en polvo

75 gramos de foie-grás

2 cucharadas soperas llenas
de miga de pan fresco

1 vasito de vino lleno de leche

Un poco de canela en polvo

150 gramos de ciruelas secas

1 cucharada sopera llena de
manteca de cerdo

1 vaso de agua lleno de champaña seco

50 gramos de crema fresca

4 triángulos de pan frito

Una vez limpias y vaciadas las perdices, las lavaremos y frotaremos con sal y un poco de pimienta. Haremos una pasta para el relleno con los hígados, el foie-gras y la miga de pan remojada en la leche; pasaremos todo esto por la sartén con la cucharada de mantequilla y le adicionaremos sal y un poco de canela en polvo. Rellenaremos las perdices con esta pasta y con dos ciruelas cada una previamente escaldadas en agua caliente y deshuesadas. Coseremos las perdices, para que el relleno no se salga.

En una cazuela al fuego pondremos las perdices con la manteca de cerdo durante 1 hora, hasta que estén bien doradas (deben cocer a fuego suave); a continuación, les añadiremos el resto de las ciruelas, la copa de champaña y la crema fresca (puede ser nata muy batida). Las taparemos y las dejaremos hacer a fuego moderado unos 30 o 40 minutos más.

En el momento de servir, las colocaremos en una fuente y adornaremos con triángulos de pan frito y las.

Perdigones a la catalana

(Perdiganyes a la catalana)
Ingredientes:

4 perdigones gordos u 8 pequeños
4 cucharadas de tomate frito
1 vasito de vino, lleno de vino rancio
3 dientes de ajo
1 cáscara de limón
1/4 litro de aceite
Sal
1/2 litro de agua
Guarnición de champiñones o verduras del tiempo

Rehogaremos los perdigones, desplumados, limpios y enteros, en una cazuela al fuego, con el aceite caliente; los rociaremos con el vino y con un caldito en el cual habremos cocido, con el agua, los ajos y la cáscara de limón. Añadiremos también a los perdigones el tomate frito. Una vez casi hechos, los partiremos por la mitad los dejaremos cocer hasta que estén tiernos y sazonaremos de nuevo con sal.

Los serviremos en una fuente muy calientes con toda la salsa y una guarnición de champiñones o verduras del tiempo cocidas al vapor.

Perdiz en escabeche

(Perdiu en escabetx)
Ingredientes:

2 perdices gordas
1 decilitro de aceite
1 cabeza de ajos
1 hoja de laurel
Unas ramitas de tomillo
Unas ramitas de orégano
Unas ramitas de romero
Sal
Pimienta negra en polvo
1 cucharadita de café, llena de pimentón rojo dulce
2 clavos de especia
1 vaso de agua, lleno de vinagre

Una vez limpias y cortadas a trozos las perdices, las pondremos en una sartén, al fuego, con aceite y la cabeza de ajos pelada y entera, y las dejaremos rehogar a fuego fuerte hasta que tomen un bonito color dorado; añadiremos entonces el laurel, el tomillo, el orégano, el romero, sal, pimienta, el pimentón, los clavos y el vaso de vinagre. Las taparemos y dejaremos cocer a fuego moderado 1 hora, procurando que la salsa cubra los trozos de perdiz; en caso contrario, añadiremos aceite y vinagre a partes iguales.

Si deseamos conservarlas durante varios días, empezaremos por dejarlas enfriar antes de guardarlas y después las pondremos en una olla de barro que taparemos herméticamente.

Codornices con samfaina *(página 240)*

Pichones en salsa

(Colomins amb salsa)
Ingredientes:

4 pichones

1 cebolla grande

1/2 kilo de tomate fresco

2 dientes de ajo

1 vaso de vino, lleno de
vino blanco seco

1/4 litro de aceite

Sal

Caldo de carne o agua

Guarnición al gusto

Los pichones limpios y flambeados, los dejaremos enteros, les pondremos de nuevo en su interior el higadillo y los sazonaremos con sal y los ajos pelados y machacados. Puestos en una cazuela al fuego con el aceite caliente, los dejaremos dorar.

Pelaremos los tomates y los partiremos a trozos; los pasaremos en unión de la cebolla pelada y también partida en trozos, por una trituradora y les agregaremos un tazón de caldo o de agua y el vasito de vino blanco; batiremos bien hasta dejarlo como una fina papilla, la cual verteremos sobre los pichones. Sazonaremos todo de nuevo y lo dejaremos hacer hasta que las aves estén muy tiernas, dándoles vueltas de vez en cuando; tardarán 1 hora aproximadamente en estar hechas.

Serviremos los pichones calientes con toda su salsa. Podemos acompañarlos con una guarnición de guisantes o champiñones, o bien unas patatas paja.

Pintada
con melocotones

(Pintada amb préssecs)
Ingredientes:

2 pintadas

75 gramos de mantequilla

3 zanahorias medianas

2 cebollas medianas

100 gramos de tocino ahumado

4 cucharadas soperas llenas de licor
de melocotón o de curaçao

1 vaso de agua lleno de caldo

1 lata mediana de melocotón al natural

Pimienta blanca en polvo

Perejil fresco

1/2 hoja de laurel

Un poco de tomillo

1 diente de ajo

Harina y Sal

Prepararemos una cazuela al fuego con las zanahorias y las cebollas peladas y cortadas a rodajas, añadiremos las pintadas, arregladas y enteras, la mantequilla y el tocino cortado a trozos, sal, pimienta, perejil picado, el laurel, el tomillo y el ajo. Dejaremos que se dore y lo regaremos con el licor, que flambearemos; echaremos después el caldo y lo taparemos herméticamente. Que se haga en el horno durante 45 o 60 minutos. Retiradas las pintadas de la cazuela, pasaremos la salsa por el tamiz. Si la salsa es demasiado clara, añadiremos 1/2 cucharadita de harina y la herviremos por espacio de 5 minutos. Pondremos en una sartén al fuego los melocotones, echaremos la salsa encima de ellos y, después de que hayan hervido a poco fuego durante 5 minutos, los dispondremos alrededor de las pintadas, ya trinchadas, bañando todo con la salsa.

Pollo a la ampurdanesa

(Pollastre a l'Empordanesa)
Ingredientes:

1 pollo con un peso de
1500 gramos, troceado
1 cebolla gorda
Perejil fresco
1 tomate pelado
1 diente de ajo picado
1 pimiento de lata picado
(puede ser natural)
1 taza de desayuno llena de aceite
1 taza de desayuno llena
de vino blanco seco
Pimienta blanca en polvo
Sal
2 cucharadas de manteca de cerdo
El jugo colado de 2 limones
Nuez moscada

Limpio y sazonado el pollo, lo pondremos en una cazuela, al fuego, con la cebolla pelada y picada, perejil picado, el diente de ajo, el tomate y el pimiento, todo bien picado; le añadiremos el aceite, el vino blanco, un polvito de pimienta, nuez moscada rallada y la manteca. Taparemos bien

con un papel de aluminio, debajo de la tapadera, y lo dejaremos hacer 1 hora o menos. Antes de servirlo, le quitaremos la grasa que sobre y lo rociaremos con el jugo de los limones.

Pollo «a l´ast»

(Pollastre a l´ast)
Ingredientes:

2 pollos de 600 gramos de cada uno
100 gramos de manteca de cerdo
100 gramos de tocino fresco
5 cucharadas soperas, llenas
de mantequilla
Sal
Pimienta blanca o negra en polvo
1 pan redondo de 1/4 kilo de peso

Prepararemos los pollos limpios y enteros, les pasaremos por la llama y echaremos por dentro y por fuera un poco de pimienta en polvo, un poco de sal y 1 cucharada de manteca de cerdo; los envolveremos con trozos delgados de hebras del tocino, que ataremos con un bramante. Los pondremos en el asador especial o, si no se tiene, en un horno a fuego vivo. Cuando estén bien asados, retiraremos el tocino y los dejaremos unos 10 minutos hasta que tomen el color característico dorado. Los serviremos encima de rebanadas cortadas de pan, fritas en la mantequilla.

Variantes del pollo a l´ast: Los pollos podemos hacerlos tal cual hemos visto o también asarlos simplemente después de untados en aceite de oliva mezclado con sal y pimienta (blanca o negra). Se asan en el asador hasta que queden dorados y tiernos. Sin embargo, para variar, veamos unas salsas interesantes para bañarlos:

Glaseado de comino: Se combinan un cuarto de taza de aceite de oliva, una cucharada y media de vinagre, dos cucharaditas de café de comino en polvo, uno o dos dientes de ajo molidos, dos cucharaditas de miel y una cucharadita de sal. Se baten para mezclarlos bien y con ello se unta el pollo cuando menos una hora antes de asarlo.

Escabeche de naranja: Jugo y cáscara rallada de una naranja, una cucharada de cebolla rallada, un cuarto de cucharadita de canela en polvo, un octavo de cucharadita de clavos, una cucharadita de sal, un cuarto de taza de aceite de oliva. Se unta el pollo por dentro y por fuera, poniendo por lo menos una cucharada dentro de la cavidad del pollo. Se ensarta en un asador y se asa de la manera acostumbrada.

Almendras: Se pelan y se muelen de 15 a 20 almendras (es fácil molerlas con la picadora eléctrica), se combinan con un diente de ajo picado o media cucharadita de polvo de ajo, media cucharadita de sal y la cáscara rallada de medio limón. Se le agrega aceite para formar una pasta delgada. Se unta el pollo por fuera y se deja reposar cuando menos media hora. Se unta, con un poco de esto el pollo mientras se asa.

Los pollos a l´ast se comen siempre muy calientes.

Pollo con almendras

(Pollastre amb ametlles)
Ingredientes:

1 pollo de 1 1/2 kilo de peso
50 gramos de almendras tostadas
1 cebolla mediana
Perejil fresco
1 taza de desayuno llena de harina
1 vaso de vino, lleno de vino blanco seco
80 gramos de manteca de cerdo
El equivalente de manteca en aceite
Agua
Sal

El pollo limpio, seco y partido a trozos, lo pasaremos por harina y lo freiremos en mitad aceite y mitad manteca de cerdo, puesto en una sartén al fuego.

En la grasa sobrante, rehogaremos la cebolla, pelada y muy picada, y media cucharada de harina. Picaremos las almendras con el perejil en el mortero y lo añadiremos, así como una tacita de agua y el vaso de vino blanco, echándolo todo encima del pollo, que tendremos en una cazuela de barro. Echaremos sal y lo dejaremos hasta que el pollo esté muy tierno.

Pollo con calamares

(Pollastre amb punxa)
Ingredientes:

---

1 kilo de pollo

1 kilo de calamares

150 gramos de almendras tostadas

150 gramos de cebolla picada

300 gramos de tomates frescos

sin piel y picados

1/2 litro de vino blanco rancio

1/2 litro de caldo de carne

1 copa de licor, llena de coñac

6 galletas María

2 trozos de pan frito

Perejil fresco

Sal

Pimienta blanca en polvo

1/4 litro de aceite

Limpios el pollo y los calamares, cortaremos ambos a trozos, que rehogaremos en una cazuela, al fuego, con parte del aceite. Aparte haremos un sofrito con la cebolla, los ajos y los tomates pelados, que agregaremos al pollo y a los calamares. Los flambearemos con el coñac, les incorporaremos el vino, les daremos un hervor y les agregaremos el caldo. Que cuezan ahora unos 25 o 30 minutos. Haremos aparte un majado con las almendras tostadas y peladas, las galletas, el pan frito y el perejil picado, que añadiremos a la cazuela del pollo, que estará cociendo; sazonaremos con sal y pimienta. Serviremos el pollo en la misma cazuela, acompañado de los cos-

trones de pan frito y salpicado con perejil fresco muy picado.

Pollo con chamfaina

(Pollastre amb xamfaina)
Ingredientes:

---

1 pollo tierno de 1 1/2 kilo de peso

75 gramos de manteca de cerdo

500 gramos de tomates frescos

2 cebollas medianas

3 berenjenas medianas

2 pimientos verdes o

encarnados frescos

3 dientes de ajo

1 copita de licor llena de vino rancio

2 decilitros de aceite

1 hoja de laurel

Pimienta negra en polvo

Unos costrones de pan fritos

para adornar el plato

Un poco de tomillo y sal

Pelaremos las berenjenas, que cortaremos a trozos, sazonaremos con sal y freiremos en el aceite puesto en una sartén al fuego, junto con los pimientos, también cortados a trozos, y la cebolla, pelada y cortada a tiras delgadas; mondaremos los tomates, los picaremos menudamente y los incorporaremos a la sartén.

Una vez chamuscado y limpio el pollo, lo cortaremos como es costumbre para guisarlo, o sea, a trozos, que pondremos en una cazuela con la manteca; lo rehogare-

265

mos a fuego vivo hasta que quede dorado, y le añadiremos entonces el sofrito o chamfaina hecho anteriormente y los ajos picados y el vino rancio. Sazonaremos con sal y pimienta y le añadiremos un ramito atado compuesto por el laurel y el tomillo. Lo dejaremos a fuego lento durante 40 o 50 minutos.

Una vez hecho lo dispondremos en una fuente, lo cubriremos con la salsa y lo adornaremos con los costrones de pan frito.

Pollo con langosta Condal

(Pollastre amb llagosta Comtal)
Ingredientes:

1 pollo de 1 kilo de peso
1 langosta viva de tamaño mediano
100 gramos de cebolla picada
100 gramos de chocolate picado
1 diente de ajo
25 gramos de almendras tostadas
Perejil fresco
Sal
Pimienta blanca en polvo
50 gramos de harina
200 gramos de tomate fresco, picado fino
1 copa de licor llena de buen coñac
1 vaso de agua lleno de aceite de oliva
Agua

Trocearemos la langosta, guardando el jugo que desprenda. La sazonaremos con sal y pimienta. Deshuesaremos el pollo y lo trocearemos, le echaremos sal y lo pasaremos por la harina. Con los huesos del pollo haremos un caldo (aproximadamente 1/2 litro de caldo).

Pondremos al fuego una sartén con la mitad del aceite y, una vez caliente, rehogaremos la cebolla; cuando esté dorada, le añadiremos el tomate y lo dejaremos hacer 15 o 20 minutos. Majaremos en un mortero el perejil, el ajo, las almendras y el chocolate.

Pondremos al fuego una cazuela de barro con el resto del aceite y cuando esté caliente le añadiremos la langosta y el pollo; una vez dorados, los flambearemos con el coñac, añadiremos el tomate, la cebolla, el caldo de ave y la picada. Lo dejaremos cocer 15 o 20 minutos, y al momento de servirlo, incorporaremos el jugo desprendido de la langosta.

Postres

Crema catalana *(página 272)*

Bizcochos de Vic

(Biscuits de Vic)
Ingredientes:

100 gramos de fécula de patata
125 gramos de azúcar fino
5 gramos de levadura en polvo
1 limón

Echaremos en un pote las claras de los huevos y las batiremos a punto de nieve muy fuerte; luego agregaremos, poco a poco, el azúcar fino pasado por un tamiz, las yemas de los huevos, un poco de corteza de limón rallada y la fécula de patata, y lo mezclaremos ligeramente. Pondremos esta pasta en unas cajitas de papel y las dejaremos hacer en el horno, a poco fuego, durante 20 o 30 minutos.

Borregos
Ingredientes:

1 kilo, más o menos, de harina de clase extra
30 gramos de levadura en polvo
1/4 litro de leche
100 gramos de azúcar
1/2 taza de desayuno de aceite
1/2 vasito de vino de aguardiente
1/2 cucharadita de café, de sal

Desharemos la levadura en un poco de la leche templada y la mezclaremos con el resto de los ingredientes citados, reservando como una cucharada de aceite.

Trabajaremos la pasta bastante con las manos, practicándole luego, con un cuchillo, cortes y, con las manos, volveremos a unir bien la pasta hasta quede muy fina.

Formaremos con ella unas barritas delgadas y largas que colocaremos en latas de horno untadas con un poco de aceite. Taparemos con un trapo y dejaremos que reposen en un lugar algo caliente hasta que hayan duplicado su volumen (una hora y media o dos horas, esto dependerá de la temperatura ambiente).

Pasaremos un pincel impregnado de agua y aceite sobre los borregos y meteremos las latas en el horno hasta que estén dorados. Una vez fríos, los cortaremos al bies a trozos de unos 2 centímetros de grueso, y los volveremos a meter al horno hasta que estén dorados y duros.

Podemos guardarlos en cajas metálicas, de esta forma se conservan mucho tiempo.

En vez de aguardiente podemos utilizar 2 cucharadas grandes de licor de anís.

Brioches

(Brioixos)
Ingredientes:

300 gramos de harina de buena calidad
12 gramos de levadura de cerveza
Sal
25 gramos de azúcar
3 huevos crudos
175 gramos de mantequilla
1/4 de litro de leche

Echaremos encima de una mesa o de un mármol 200 gramos de harina, formaremos un círculo en el centro y pondremos en él un poco de sal, el azúcar y los huevos (guardando un poco de yema en un plato); lo mezclaremos todo con una cuchara y luego con las manos, amasando hasta obtener una pasta fina y compacta.

En una cacerola pequeña echaremos el resto de la harina haciendo también un círculo en el centro; pondremos en él la levadura de cerveza y la leche ligeramente tibia, y lo mezclaremos con una cuchara de madera hasta que resulte una pasta espesa. Taparemos la cacerola con un paño y la dejaremos reposar en un lugar algo templado hasta que el contenido haya alcanzado el doble de su volumen.

Seguidamente uniremos las 2 pastas trabajándolas con las manos; añadiremos la mantequilla y lo mezclaremos bien; para esta operación emplearemos, por lo menos, 10 minutos, procurando siempre que la pasta se despegue del mármol.

La pondremos a continuación en una vasija espolvoreada con harina, la taparemos con un paño y la guardaremos en un lugar algo templado hasta que la pasta aumente el doble. Transcurridas unas 3 o 4 horas, pondremos la pasta encima de un mármol espolvoreado con harina y formaremos unas bolitas del tamaño de una nuez, o quizás algo más, que colocaremos encima de una hojalata y, con unas tijeras, formaremos unos pequeños cortes en el centro de arriba abajo, los cuales mojaremos con la yema del huevo mezclada con un poco de agua.

Dejaremos los brioches en un sitio de temperatura algo tibia hasta que vuelvan a aumentar el doble de su volumen; seguidamente los introduciremos en el horno, a fuego moderado, y los dejaremos que se hagan hasta que adquieran un bonito color tostado o dorado.

También podemos prepararlos repartiendo la pasta en unos pequeños moldes de magdalenas, o tartaletas, previamente untados con mantequilla y espolvoreados con harina.

Buñuelos del Ampurdán

(Bunyols de l´Empordá)
Ingredientes:

700 gramos de harina de buena calidad
300 gramos de azúcar
4 huevos crudos
4 cucharadas soperas llenas de leche
100 gramos de mantequilla
1 copita de licor de rosoli
10 gramos de cilantro
4 paquetes de polvos para hacer gaseosa
1 limón
1/2 litro de aceite
50 gramos de azúcar fino tamizado o en polvo
Agua

Herviremos el cilantro en un vaso grande de agua hasta que el líquido quede reducido a la mitad. Lo colaremos para un cazo, le echaremos la mantequilla y dejaremos que ésta se derrita; luego añadiremos los 4 huevos, el azúcar, los polvos para hacer gaseosa disueltos en la leche, la copita de rosoli, el residuo de hervir el cilantro, un poco de sal y las ralladuras de la piel de medio limón. Con la espátula trabajaremos bien esta pasta, añadiendo la harina (reservaremos un poco) hasta que quede una pasta espesa y correosa.

Espolvorearemos el mármol con harina, pondremos la pasta encima, y la alargaremos en forma de cilindro, procurando que quede recubierta con una ligera capa de harina. Cortaremos tiras de un dedo de grosor y formaremos con ellas unas rosquillas, que freiremos en aceite muy caliente, dándoles la vuelta con al espumadera, para que queden los buñuelos tostados por los dos lados; los escurriremos bien y espolvorearemos con azúcar fino. Podemos servir estos buñuelos fríos o calientes.

Coca con piñones

(Coca amb pinyons)
Ingredientes:

800 gramos de harina de clase extra

1 taza de desayuno, llena de aceite fino

1 taza de desayuno, llena de azúcar

Un poco más de azúcar

Raspadura de limón

Vainilla en polvo

4 huevos

1 taza de café, llena de leche fría

2 papeletas de hacer sifón o bien

1 cucharadita de café llena

de levadura en polvo

50 gramos de piñones sin cáscara

1 cucharada sopera llena de aceite

Separaremos las yemas de las claras de los huevos y batiremos las yemas junto con el azúcar. Aparte, freiremos el aceite con una cáscara del limón, y lo reservaremos.

Sobre las yemas y el azúcar iremos echando el aceite lentamente, sin dejar de remover; después incorporaremos la leche de igual forma; un poco de raspadura de limón, un poco de vainilla y la harina, poco a poco, y siempre removiendo la masa. Habrá alcanzado su punto cuando esté como una salsa mahonesa espesa. Batiremos las claras a punto de nieve y las añadiremos a la vez que las papeletas de hacer sifón o la levadura. Lo uniremos todo muy bien y lo echaremos a un molde de hornear, untado con el aceite. Cubriremos la coca con los piñones y el azúcar suelto y meteremos el molde (debe ser plano, largo y ancho, especial para cocas) a horno fuerte con calor por arriba y por abajo.

Sabremos si está hecha cuando se ponga doradita y, además, al pincharla con una aguja larga ésta salga limpia. La «coca» suele levar o subir mucho. La sacaremos del molde cuando esté ya muy fría.

Existen cocas que llevan también frutas confitadas.

Crema catalana

(Crema cremada)
Ingredientes:

1 litro de leche

300 gramos de azúcar

12 yemas de huevo

1 ramita de canela

Corteza de limón

50 gramos de fécula de maíz de patata

1 taza de café, llena de leche

50 gramos más de azúcar,

pesado aparte

Pondremos en un pote el litro de leche, 300 gramos de azúcar, las yemas, la canela y la corteza de limón; colocaremos el pote sobre el fuego y removiendo bien con una cuchara de madera.

Aparte, desleiremos, en la taza de leche, la fécula de maíz, le pondremos al fuego en otro pote y, sin que llegue nunca a hervir, le incorporaremos la crema anterior y lo uniremos todo muy bien.

Lo verteremos en una fuente, o en cuatro platos individuales, y cuando esté casi fría la espolvorearemos con los 50 gramos de azúcar, y, con una plancha especial o hierro al rojo vivo, tostaremos este azúcar de forma que quede una capa dorada, como caramelo, sobre las natillas.

Crema de San José

(Crema de Sant Josep)
Ingredientes:

4 yemas de huevo

1/2 litro de leche

5 cucharadas soperas llenas de azúcar

2 cucharaditas de café,

llenas de almidón

Un poco de canela en rama

Corteza de limón

1 cucharada sopera llena

de canela en polvo

En un pote y en frío, batiremos bien las yemas, echaremos el azúcar y la leche junto con el almidón que, previamente, habremos desleído con un poco de leche fría. Lo pasaremos por el chino, para que no quede ningún grumo, y le añadiremos la corteza de limón y la canela.

Pondremos el pote al fuego y lo iremos removiendo continuamente. Antes de que empiece a hervir, lo retiraremos del fuego, ya que de lo contrario podría cortarse. Verteremos la crema en una fuente y la espolvorearemos con la canela en polvo.

Crema pastelera

(Crema pastisera)
Ingredientes:

1/3 litro de leche

3 huevos crudos

100 gramos de azúcar

50 gramos de harina extra

50 gramos de mantequilla (facultativa)

Vainilla o canela en polvo

1 limón

En un pote, fuera del calor del fuego, batiremos las yemas de los huevos con el azúcar y la harina y le añadiremos un poco de vainilla o un poco de canela.

Disolveremos con la leche fría y removeremos bien hasta que no quede ningún grumo; pondremos el pote al fuego y lo dejaremos hasta que haya hervido 2 o 3 minutos, siempre batiendo, durante el tiempo de cocción, con el batidor o con cuchara de madera. Podemos si queremos (no es imprescindible), al retirar la crema del fuego, añadirle los 50 gramos de mantequilla a trocitos siempre removiendo hasta que quede totalmente incorporada.

Esta crema es adecuada para rellenos, pero también se come sola simplemente con bizcochos sobre ella o espolvoreada con canela en polvo. Puede hacerse mezclando las yemas con polvos de hacer crema, que venden en sobres; así queda una crema mixta bastante aceptable.

Cremat
Ingredientes:

4 tazas de café, llenas de café

1/2 litro de ron

150 gramos de azúcar

1/2 litro de coñac

1/4 de litro de caña o cazalla

1 palo de canela en rama

1/2 corteza de 1 limón

Mezclaremos el coñac y el ron en un recipiente, a ser posible de barro, y les prenderemos fuego; a continuación añadiremos el azúcar para que prendan bien las llamas.

Seguidamente adicionaremos unos trozos de canela en rama, corteza de limón y la caña o cazalla. Cuando casi no queden llamas agregaremos el café, revolveremos y lo serviremos, aún ardiendo, en tazas de café.

Preparación típica de la Costa Brava.

Fresas con nata

(Maduixes amb nata)
Ingredientes:

---

500 gramos de frescas

3 naranjas gordas con zumo

300 gramos de nata

1 copita de licor llena de Kirsch

50 gramos de azúcar en polvo

4 cucharaditas de café llenas

de mermelada de albaricoque

Partiremos las naranjas por la mitad, las vaciaremos de su pulpa y obtendremos así 6 cazuelitas.

Limpiaremos las fresas y apartaremos 36 de las más bonitas.

A las restantes les mezclaremos el licor Kirsch (licor de cerezas maduras) la mermelada y una cucharada de zumo de naranja, llenando con ello las cazuelitas, que cubriremos con una pirámide de nata batida con el azúcar polvo y las fresas reservadas las serviremos muy frías.

Lionesas

(Lioneses)
Ingredientes:

Para la masa o pasta:

125 gramos de harina de clase extra

75 gramos de mantequilla

4 huevos crudos

2 terrones de azúcar

1/2 cucharadita de vainilla en polvo

Sal fina

1/4 de litro de agua

1 yema de huevo

1/2 vasito de vino de agua

PARA EL RELLENO:

2 tazas de desayuno lleno de nata batida con 2 cucharadas de azúcar o crema pastelera (para hacerla consultar receta en este mismo capítulo) sola o mezclada con chocolate, o nata y chocolate (trufa)

PARA EL ADORNO:

Azúcar en polvo o caramelo blanco hecho con azúcar y agua

Pondremos en un cazo, al fuego, el agua, parte de la mantequilla (casi toda), los terrones de azúcar, la vainilla y una pizca de sal. Cuando comience a hervir, y la mantequilla esté fundida, lo retiraremos del fuego, mezclándolo con rapidez; echaremos la harina de golpe (previamente pasada por un tamiz, para que esté más fina). Pondremos el cazo de nuevo al fuego y removeremos su contenido hasta que la pasta

«Manjar blanc» de Tarragona *(página 276)*

quede bien unida y sin grumos; la separaremos del fondo y de las paredes del cazo, formando una bola.

En este punto, y separada del fuego, la dejaremos enfriar.

Añadiremos los huevos de uno en uno (no añadir el siguiente, hasta que el anterior esté completamente incorporado). Dejaremos reposar la masa 30 minutos antes de utilizarla.

Untaremos una placa de horno con la mantequilla que dejamos de la pasta de las lionesas, y dispondremos en ella montoncitos de la masa o pasta, de un tamaño de nuez.

Podemos hacerlos con la ayuda de una cucharilla o poniendo la masa en una manga pastelera con boquilla ancha. Deben quedar bastante separados, pues al cocer aumentan mucho; las pintaremos con la yema del huevo disuelta en el 1/2 vaso de agua. Las meteremos a horno no muy caliente, las dejaremos por espacio de unos 30 o 40 minutos y, cuando estén muy doradas e hinchadas, apagaremos el horno dejándolas enfríar un poco dentro del horno, para que no se deshinchen. Cuando estén frías, las rellenaremos con la nata batida, o crema pastelera, o nata mezclada con chocolate en polvo (trufa). Las espolvorearemos con azúcar en polvo, y podemos también cubrirlas con un almíbar.

«Manjar blanc» de Tarragona
Ingredientes:

2 litros de leche
600 gramos de almendras molidas
60 gramos de almidón de cocinar
600 gramos de azúcar
1 corteza de limón
1/2 cucharadita de canela en polvo

Disolveremos el almidón en la leche tibia, y añadiremos el azúcar, la corteza de limón rallada y las almendras molidas; pondremos todo a cocer hasta que quede espeso y entonces lo pasaremos a lo platos individuales, que espolvorearemos con la canela en polvo y serviremos fríos.

Mantecadas a la catalana
(Mantegades a la catalana)
Ingredientes:

200 gramos de harina de buena calidad
125 gramos de mantequilla
1 yema de huevo
50 gramos de azúcar
1 limón
25 gramos de azúcar fino

Mezclaremos con una cuchara 200 gramos de harina y 100 de mantequilla, que estará blanda, con la yema de huevo, el azúcar y la ralladura del limón, hasta obtener una masa compacta y fina.

Espolvorearemos el mármol con la harina suelta y aplanaremos en él la masa, ayudándonos de un rodillo.

Cortaremos las mantecadas, que colocaremos en placas de horno untadas con mantequilla, y las meteremos al horno 10 o 12 minutos.

Naranjas rellenas

(Taronges farcines)
Ingredientes:

4 naranjas grandes de piel gruesa y de igual tamaño

1/2 litro de leche

5 huevos crudos

7 kilos de hielo

2 kilos de sal gorda

200 gramos de azúcar normal

150 gramos de azúcar en polvo

1 copita de licor, llena de curaçao

Unas gotas de carmín vegetal

Haremos un orificio, en la parte superior de las naranjas, con piel, de forma que podamos sacar por él toda la pulpa. Con ella haremos zumo (podemos pasarlo por la trituradora).

Prepararemos ahora la crema poniendo en un cazo, fuera del fuego, las yemas de los huevos y el azúcar mezclándolo bien, agregaremos la leche. Pondremos el cazo sobre el fuego removiendo con una cuchara de madera hasta obtener una crema algo espesa, y siempre sin que llegue a hervir; se-

guidamente la retiraremos del fuego y, una vez fría, le adicionaremos el zumo de las naranjas, el licor curaçao y el carmín, lo echaremos en una heladora, pasándolo por un colador, lo rodearemos con el hielo picado y sal, y daremos vueltas a la manivela hasta obtener un buen helado.

Batiremos a punto de nieve fuerte las 5 claras de huevo, mezclándoles el azúcar polvo pasado por un tamiz; lo introduciremos en una manga pastelera rizada. En el momento de presentar las naranjas a la mesa, las colocaremos en una fuente con hielo picado las taparemos formando una pirámide con las claras de huevo. Introduciremos unos segundos en el horno a fuego vivo al objeto de que el merengue tome algo de color y las serviremos rápidamente a la mesa.

«Orelletes»
de Tarragona
Ingredientes:

1/2 kilo de harina extra

100 gramos de azúcar

3 huevos crudos

1 cucharadita de café, llena de levadura en polvo

1 copita de licor llena de anís

Piel de limón

1 vaso de agua lleno de leche

1/2 litro de aceite fino

Amasaremos juntos la harina, el azúcar (dejaremos un poco para espolvorear las «orelletes»), los huevos, la levadura, el anís, raspadura de la piel del limón y la leche. Estiraremos esta masa con el rodillo haciendo porciones de unos 25 gramos de peso, que aplastaremos hasta conseguir como unos discos.

Pondremos el aceite al fuego y los freiremos en él, cuando esté muy caliente. Al sacarlos, ya escurridos, les echaremos azúcar.

«Pa de Pessic» de Vic
Ingredientes:

4 huevos crudos
75 gramos de fécula de patata
125 gramos de azúcar en polvo
1 limón
25 gramos de mantequilla
25 gramos de harina
1 cucharadita de café, escasa de levadura en polvo

Pondremos en un pote las claras de los huevos y las batiremos a punto de nieve fuerte, adicionándoles seguidamente, y poco a poco, el azúcar previamente pasado por un tamiz; le mezclaremos las yemas, un poco de corteza de limón rallada y la levadura, sin removerlo mucho.

Echaremos el «pa de Pessic» en un molde de bizcocho que tendremos ya untado con mantequilla derretida y espolvoreado con harina. Lo coceremos a horno suave por espacio de 35 o 40 minutos y, una vez frío, lo retiraremos del molde y lo serviremos espolvoreado con el azúcar polvo.

«Panellets» variados
(Panellet)
Ingredientes:

500 gramos de almendras crudas (sin cáscara)
500 gramos de azúcar
1/8 de litro de agua
1 gramos de cremor tártaro
3 huevos frescos

Pondremos las almendras en una cacerola con el agua hirviendo (que las cubra) y las dejaremos así 2 o 3 minutos, pasados los cuales las escurriremos, pelaremos, lavaremos y secaremos perfectamente con un trapo y, cuando estén secas, las pasaremos por la máquina de rallar, echando lo rallado a otro recipiente hondo.

Con el azúcar, el agua y el cremor tártaro, prepararemos un almíbar a punto de bola dura. Seguidamente lo verteremos poco a poco en la vasija de las almendras molidas, lo mezclaremos bien y agregaremos a esta mezcla los tres huevos sin batir; seguiremos removiendo con la espátula hasta obtener una pasta fina. En este punto, echaremos el contenido de la vasija encima de un mármol y, cuando se haya enfriado, la trabajaremos con las manos durante 10 o 12 minutos.

De esta forma tenemos ya hecho el mazapán básico de los «panellets», que perfumaremos según los gustos, dividiéndolo en porciones que se perfumarán cada una separadamente. Veamos:

«A la vainilla».
Tomaremos una porción del mazapán

cuya receta acabamos de ver y la mezclaremos con una cucharada de azúcar avainillado. Formaremos entonces unas bolas del grueso de una nuez grande, que pasaremos por azúcar granulado; las colocaremos en una placa de horno untada con mantequilla y espolvoreada con harina. Coceremos los «panellets» en el horno con calor regular, durante 10 o 12 minutos. Una vez cocidos, los espolvorearemos ligeramente con azúcar polvo.

«Al piñón».

Una vez hechas y formadas las bolas de mazapán, pasaremos éstas por claras de huevo sin batir y luego por encima de los piñones, hasta que queden cubiertas con una capa de éstos. Los coceremos como los demás.

«Al limón».

Prepararemos las bolas como queda dicho en «panellets a la vainilla», pero poniendo raspaduras de limón en el mazapán, en vez de azúcar vainillado.

Pastelillos de pasta de requesón
(Pastissets de mató)
Ingredientes:

125 gramos de harina
60 gramos de mantequilla
125 gramos de requesón
1 huevo crudo
1 lata de mermelada al gusto
100 gramos de levadura en polvo
Sal
50 gramos de azúcar en polvo

Amasaremos sobre el mármol la harina junto con la mantequilla, el requesón, la levadura y un poquito de sal; la trabajaremos tanto como sea preciso hasta formar una masa. Extenderemos la masa así obtenida replegándola 2 o 3 veces como se hace con la pasta hojaldre y la dejaremos en reposo unos 30 minutos. Después la extenderemos nuevamente con el rodillo y con un vaso recortaremos unos discos.

Sobre cada disco pondremos un poco de mermelada, más bien sólida, y bañaremos los bordes con clara de huevo batida replegaremos cada disco sobre sí mismo, formando así una media luna. Untaremos con la yema de huevo batida la superficie y los meteremos a horno fuerte 20 o 25 minutos. Fuera del horno los espolvorearemos con el azúcar en polvo.

Pastel Nuria

(Pastís Núria)
Ingredientes:

150 gramos de harina de buena clase

3 huevos crudos

150 gramos de almendras crudas
sin cáscara ni piel

150 gramos de azúcar corriente

1 cucharadita de café llena
de levadura en polvo

2 pastillas de chocolate

12 almendras tostadas

1 cucharada sopera llena de aceite

Agua

1 cucharada sopera llena
de mantequilla

Uniremos un huevo entero junto con las 2 yemas de los otros huevos, le añadiremos la mitad del azúcar, las almendras crudas reducidas a polvo, las claras de los huevos batidos a punto de nieve, la harina y la levadura. Revolveremos bien para que se mezcle perfectamente. Forraremos un molde con papel de barba, previamente untado con el aceite, y en él echaremos la pasta, que se hará al horno (calor lento por arriba y por abajo), por espacio de 20 o 25 minutos.

Con el resto del azúcar y un vaso de agua haremos un almíbar. Cuando esté espeso, le incorporaremos la mantequilla y el chocolate rallado. Con esto cubriremos el pastel una vez hecho y desmoldado. Por último y, como adorno final, cortaremos a trocitos o filetes las almendras tostadas, sin su piel, y las dispondremos en la superficie del pastel de forma decorativa.

Pastel San Jorge

(Pastís Sant Jordi)
Ingredientes:

6 huevos crudos

160 gramos de azúcar normal

300 gramos de azúcar polvo

200 gramos de harina

200 gramos de mantequilla

10 gramos de cacao en polvo

Un poco de manteca de cerdo,
para engrasar el molde

Montaremos las claras a punto de nieve, junto con los 160 gramos de azúcar, añadiremos las yemas ligeramente batidas y por último la harina, removiendo con cuidado para que no se nos bajen las claras.

Engrasaremos la placa del horno con la manteca y extenderemos en ella la pasta bien uniforme para que quede fina. Lo coceremos a fuego fuerte. Despegaremos el bizcocho en caliente y luego lo dejaremos enfriar.

Aparte haremos el relleno de esta forma:

Trabajaremos la mantequilla con un batidor y le añadiremos 250 gramos de azúcar polvo y el cacao.

Cortaremos el bizcocho en tiras rectangulares y pondremos una capa de bizcocho, otra de relleno y la última de bizcocho.

Meteremos el pastel en el frigorífico y lo espolvorearemos con el resto del azúcar en polvo.

Torrijas catalanas *(página 283)*

Peras rellenas a la ampurdanesa

(Peres farcides a l'Empordanesa)
Ingredientes:

4 peras de tamaño grande

1/2 litro de vino moscatel

100 gramos de carne magra de cerdo trinchada

50 gramos de bizcochos

50 gramos de almendras tostadas

1 huevo crudo

200 gramos de azúcar

1 limón

1 trozo de canela en rama

Un poco de canela en polvo

No pelaremos las peras, pero las vaciaremos de su interior por la parte de abajo, pues así, al servirlas no se conoce por dónde han sido abiertas.

A la carne de cerdo le añadiremos el huevo batido, los bizcochos, las almendras ralladas, la canela en polvo y 25 gramos de azúcar; mezclaremos todo hasta obtener una pasta fina con la cual rellenaremos las peras, que colocaremos derechas en una cacerola en la que quepan juntas. Les añadiremos el resto del azúcar, el moscatel, corteza de limón rallado y la canela en rama. Las coceremos tapadas por espacio de 3 horas y conoceremos si están en su punto si el líquido ha quedado a modo de jarabe espeso. Las serviremos frías en una fuente cubiertas por con su propio jarabe.

Queso fresco con miel

(Mató amb mel)
Ingredientes:

2 copas de leche

4 cucharadas de azúcar polvo

2 cucharadas de almidón de cocinar

4 yemas de huevo

100 gramos de miel

En las dos copas de leche, bien azucaradas, desleiremos las dos cucharadas de almidón de cocina (si no se tiene a mano emplearemos zumo de limón). Batiremos las 4 yemas de huevo y las mezclaremos con la leche; pondremos todo en una cacerola y, sin dejar de remover, la colocaremos sobre el fuego suave. Ha de cocer despacio, hasta que esté muy espeso; entonces lo separaremos del fuego y lo echaremos en los moldes para que se enfríe. En el momento de servir lo desmoldearemos con la punta de un cuchillo para que el mató salga entero. Con el mató se sirve un tarro de miel. Los moldes para el mató han de ser de barro.

Nota: También puede comprarse el mató (requesón) ya hecho, lo cual es más fácil, y presentarlo con la miel.

Torrijas catalanas

(Torrades de Santa Teresa)
Ingredientes:

1 pan de 1/2 kilo o 3 panecillos
Aguardiente de anís
Azúcar
1/2 litro de aceite
Agua
Azúcar fino
5 huevos crudos

Cortaremos el pan en forma cuadrada de unos 3 centímetros de lado por 1 centímetro de grueso. Mojaremos las torrijas con agua, en la que habremos disuelto azúcar y aguardiente de anís.

Las pasaremos por los huevos muy batidos y las freiremos en el aceite hirviendo. Las serviremos espolvoreadas con el azúcar fino.

Tortells
Ingredientes:

PARA LA MASA O PASTA:
1/2 kilo de harina de calidad extra
100 gramos de azúcar normal
2 huevos crudos
2 cucharadas soperas llenas de aceite
1 pellizco de sal
10 gramos de levadura prensada
Agua
PARA EL RELLENO:
125 gramos de almendras molidas
125 gramos de azúcar normal
100 gramos de patata cocida
1 huevo para pintarlos
Un poco de azúcar en polvo
para espolvorearlos

Desharemos la levadura con 4 cucharadas de agua templada, le mezclaremos unos 100 gramos escasos de harina y formaremos con ellos una bola a la que daremos unos cortes en forma de cruz; la pondremos en un plato y la taparemos con un paño; la dejaremos fermentar en un lugar templado mientras preparamos la otra masa.

Echaremos en un recipiente hondo como 1 decilitro de agua con media cucharadita de sal, los huevos batidos y la mitad de azúcar; mezclaremos todo muy bien y le añadiremos toda la harina hasta terminarla, haciendo una pasta que uniremos con la otra masa que teníamos fermentando.

Le mezclaremos el resto del azúcar y, finalmente, agregaremos las tres cucharadas de aceite.

Para hacer el relleno mezclaremos la patata cocida y chafada en forma de puré con los 125 gramos de azúcar, las almendras molidas y la esencia de limón. Tomaremos de la pasta unas porciones de unos 150 gramos y, untando la masa y el rollo con aceite, estiraremos ésta dejándola fina, de un espesor del canto de una moneda. Las untaremos con mantequilla, colocaremos, en un extremo de la pasta, una especie de cordón formado por el relleno y los iremos enrollado en forma de tubos a los cuales les daremos de forma de rosca. Los dejaremos fermentar, ya todos terminados, en un armario o cajón bien cerrado, separados unos de otros, pues, aumentan su tamaño. Cuando estén bien fermentados (casi el doble de su tamaño, unas 3 o 4 horas) los pintaremos con el huevo batido, espolvorearemos con el azúcar en polvo y los coceremos a horno medio fuerte, por espacio de unos 12 o 25 minutos.

El relleno puede variar según los gustos: crema pastelera, nata de lechería, cabello de ángel...

Xuixos rellenos de crema
Ingredientes:

400 gramos de harina extra

50 gramos de mantequilla

50 gramos de azúcar

10 gramos de levadura prensada de panadería

1/2 copita de licor de rosoli (aguardiente de hierbas)

1 limón

3/4 litro de aceite

1/2 decilitro de leche

1 taza de desayuno llena de crema pastelera (para hacerla consultar receta este mismo capítulo)

1/2 litro de agua

4 huevos crudos

Pondremos en un cazo la levadura y la diluiremos con la leche, que estará templada; añadiremos luego 150 gramos de harina y formaremos una bola, que dejaremos descansar en un sitio templado hasta que doble su volumen inicial.

En una cacerola echaremos el resto de la harina y le mezclaremos los huevos, el azúcar, la mantequilla derretida, la media copita de rosoli, un poco de corteza de limón rallada y el medio litro de agua templada. Seguidamente incorporaremos la pasta de la levadura, y lo mezclaremos todo bien; taparemos la cacerola y la guardaremos en un sitio templado durante media hora. Pasado este tiempo, colocaremos la pasta sobre la harina esparcida en un mármol, la cortaremos a trocitos y la espolvorearemos con harina; formaremos unas tiras gruesas y largas que enrollaremos en un palo, dándoles la forma característica, y las freiremos en abundante aceite caliente; una vez escurridos los rellenaremos, después de quitar el palo, con la crema pastelera; por último, los espolvorearemos con azúcar.

Índice

ÍNDICE